Silvio Costta

Educação sonora e musical:
oficina de sons

Dados Internacionais de Catalogação na Publicação (CIP)
(Câmara Brasileira do Livro, SP, Brasil)

Costta, Silvio
    Educação sonora e musical : oficina de sons / Silvio Costta.
– São Paulo : Paulinas, 2012. – (Coleção clave de sol. Série espaço
musical)

    Bibliografia.
    ISBN 978-85-356-3087-9

    1. Música na educação 2. Percepção sonora I. Título. II. Série.

12-02760   CDD-780.7

Índice para catálogo sistemático:
1. Educação musical   780.7

1ª edição – 2012

Este livro segue a nova ortografia da Língua Portuguesa.

Direção-geral: *Bernadete Boff*
Editora responsável: *Maria Alexandre de Oliveira*
Assistente de edição: *Rosane Aparecida da Silva*
Copidesque: *Ana Cecilia Mari*
Coordenação de revisão: *Marina Mendonça*
Revisão: *Ruth Mitzuie Kluska e Leonilda Menossi*
Assistente de arte: *Ana Karina Rodrigues Caetano*
Gerente de produção: *Felício Calegaro Neto*
Projeto gráfico: *Manuel Rebelato Miramontes*
Ilustrações de capa e miolo: *Al Stefano*

Nenhuma parte desta obra poderá ser reproduzida ou transmitida
por qualquer forma e/ou quaisquer meios (eletrônico ou mecânico,
incluindo fotocópia e gravação) ou arquivada em qualquer sistema ou
banco de dados sem permissão escrita da Editora. Direitos reservados.

Paulinas
Rua Dona Inácia Uchoa, 62
04110-020 – São Paulo – SP (Brasil)
Tel.: (11) 2125-3500
http://www.paulinas.org.br – editora@paulinas.com.br
Telemarketing e SAC: 0800-7010081
© Pia Sociedade Filhas de São Paulo – São Paulo, 2012

A meu tio Daniel,
meu primeiro incentivador ao mundo da música.

Aos amigos irmãos Rocha, Edson, Zezão e Silvio (*in memoriam*),
e ao cantor e companheiro de palco Danilo (*in memoriam*)

A linguagem musical é um excelente meio
para o desenvolvimento da expressão,
do equilíbrio, da autoestima
e do autoconhecimento,
além de poderoso meio de integração social.

(Referencial curricular nacional para a educação infantil)

Sumário

Apresentação 9

A importância da educação sonora 11

Uma breve história: a natureza do homem e os sons 13

PRIMEIRA PARTE: EDUCAÇÃO SONORA E MUSICAL
Educação sonora 17
   Como acontece o som 17
   A onda sonora e o ouvido 17
   A frequência 18
   As propriedades do som 19

Educação musical 23
   A música e as propriedades do som 23
   Uma breve história da música 24
   O que é música 27

SEGUNDA PARTE: OFICINA DE SONS
Oficina sonora e musical 37
   Oficina sonora 37
   Oficina musical 57

Bibliografia 71

Apresentação

O som e a música estão presentes em nosso dia a dia, fazendo parte de nossa vida, e praticamente de todo aprendizado: nas primeiras ações desde o nascimento, no desenvolvimento cerebral através do sentido auditivo, em nossa evolução cognitiva e até mesmo em nossas ações sociais e culturais.

Entre as transformações atuais associadas aos diversos conceitos de mídia, que se dá através dos aparelhos sonoros que facilitam a comunicação entre o mundo e as crianças e vice-versa, os parâmetros sonoros e musicais se encontram cada vez mais evidentes dentro da escola, uma vez que o universo escolar é o elo do aprendizado que envolve a criança, a família e o mundo. Diante desta necessidade de envolvimento da arte-educação ligada à música nestes conceitos transversais, surge a ideia de uma ação prática e reflexiva entre os agentes principais do aprendizado: o professor e o aluno.

Seguindo um formato diferenciado, dividimos a abordagem sonora e musical em duas partes. A primeira parte: "Educação sonora e musical", aborda princípios teóricos sonoros e musicais aliados à prática simples. Serão trabalhados os princípios e as origens do som, suas formas, suas propriedades e suas diferenças principiadas em educação sonora. Seguindo a tendência natural da formação sonora e seus parâmetros, apresentamos a seguir a abordagem à música, sua história, suas propriedades e diferenças, além da iniciação aos ritmos, desenvolvendo os compassos mais usados. A segunda parte: "Oficina de sons", trata de modo direto e construtivo das questões sonoras aliadas ao corpo e à feitura de aparelhos, bem como de atividades auditivas. A parte de oficina relaciona ainda o universo musical e a construção paulatina deste, através de exercícios com ritmos, criação de instrumentos e seus modos de uso.

Acreditamos, assim, que a abordagem teórica necessária está aliada à inovação da linguagem prática e vem ao encontro da necessidade escolar de princípios sonoros. Tem, em seu contexto, a proposta de que se torne uma ferramenta pedagógica sonora e musical ao professor, para que ele junte este conteúdo e o pratique, seja em sua iniciação docente, seja em seu objetivo acumulativo de experiências, com o propósito principal de fazer com que seu aluno descubra e conheça melhor o universo musical, valorizando-o enquanto aprende.

A importância da educação sonora

O despertar sonoro e musical dentro da escola deve estar ligado diretamente às atividades mentais e corporais que as crianças exercem em seu dia a dia, visto que essas atividades permitem ao aluno conhecer a si mesmo, desenvolvendo seus esquemas comunicativos. A música tem forte influência nessa formação, além de ser um importante auxílio no desenvolvimento cognitivo, psicomotor e socioafetivo. Os estímulos recebidos nas aulas musicais permitirão ao aluno uma participação efetiva, seja ouvindo, tocando, vendo, participando de alguma forma, mesmo enquanto exerce o papel de espectador, pois a junção melódica, a harmonia ou os ritmos trabalhados e executados despertam emoções tanto no emissor (quem executa) quanto no receptor (quem escuta). Segundo Gainza,[1] "a música e o som, enquanto energia, estimulam o movimento interno e externo no homem; impulsionam-no 'à ação e promovem nele uma multiplicidade de condutas de diferentes qualidade e grau'".

Em termos naturais, podemos afirmar que a música é uma estrada de duas vias, tendo em vista que constrói o conhecimento. No desenvolvimento psicomotor ela ajuda no aprimoramento da habilidade motora, no trato emocional, no trabalho rítmico, como também na descoberta corporal, através do gestual, do canto ou da ordem disciplinar no uso dos compassos musicais. No processo socioafetivo, a aproximação e a cooperação para com o grupo proporcionam a construção paulatina da autoestima, a segurança pessoal e o equilíbrio emocional.

No que concerne à educação, se a proposta de todas as escolas é integrar e desenvolver o ser humano, podemos concluir que a música consegue associar as diversas habilidades: a da memória, a perceptiva e a inteligível, assim como desperta um ser mais humano e emocional.

---

[1] GAINZA, Violeta Hemsy de. *Estudos de psicopedagogia musical.* 3. ed. São Paulo: Summus, 1988.

Uma breve história:
a natureza do homem e os sons

Existe certa magia em nossa maneira de receber e identificar os sons que estão em nós e também ao nosso redor. O real motivo reside no conceito de que o som pode ser sentido, mas não visto. Podemos supor então que, analogicamente, para o aparelho auditivo e todo seu complexo sistema, o sentido transformador do som está para o cérebro como o oxigênio está para o corpo humano, dada sua importância para o aparelho respiratório e suas funções. Entre o ar e o som há uma espécie de conexão. Para Wisnik,[1] "não é a matéria do ar que caminha levando o som, mas sim um sinal de movimento que passa através da matéria, modificando-a e inscrevendo nela, de forma fugaz, o seu desenho".

O ar não pode ser visto, mas pode ser sentido. Sem ele não é possível viver. O som também não pode ser enxergado e sem ele não podemos ouvir. Enquanto o oxigênio exerce um papel fundamental em nosso organismo, o som e a sensação sonora, por sua vez, imbuídos de sua transformação em nosso cérebro, também têm um papel primordial em nosso desenvolvimento cognitivo. Esse processo construtivo que está associado às sensações sonoras, à memorização e posteriormente à reprodução dos sons, vai criar a gênese relacionada à natureza do homem e a sua convivência com o meio. Por outro lado, tomando novamente como exemplo o ar, o homem, em suas buscas "racionais evolutivas",[2] acaba por sofrer as consequências da falta de qualidade desse ar de que tanto necessita para viver.

Mas o conceito de poluição não está só restrito ao ar, pois existe também a poluição sonora. Há muitos sons que são considerados desagradáveis, pois provocam sensações ruins e devem, na medida do possível, ser evitados.

---

[1] WISNIK, José Miguel. *O som e o sentido*; uma outra história das músicas. São Paulo: Companhia das Letras, 2007.

[2] Após o surgimento do conceito de racionalismo, houve o aprimoramento e o desenvolvimento da industrialização no mundo – a Revolução Industrial. Esses são os grandes causadores dos altos índices de poluição atuais, que diminuem a cada dia a qualidade do ar.

A ligação que os sentidos exercem em nosso corpo e sua relação com a natureza se completa com a percepção sonora, pois praticamente passamos a vida aprendendo a descobrir os sons e a conviver com as suas sensações e seus resultados, conforme cada período vivido. Quando crianças, vamos arquivando os sons no cérebro à medida que nos desenvolvemos. Ouvimos e depois emitimos esses sons criando um princípio de linguagem, e essa codificação chamada de linguagem acaba sempre por ocupar um papel imprescindível na comunicação humana. A música natural dos ambientes ensina nosso corpo a compreender o meio social, e a junção desses sons nos transporta à construção de emoções tão complexas que por muitas vezes nos são até inexplicáveis, podendo ocorrer esse fenômeno em qualquer fase de nossa vida. As descobertas, aos poucos, se tornam prazer, graças aos sons e ao contato sonoro que a natureza nos apresenta. Infelizmente, essa mesma natureza aos poucos tem se transformado, e seu próprio agente transformador – o homem – paga um preço por isso: a perda de sua sensibilidade.

No mundo atual, voltado ao tecnológico e visual, os resultados nos mostram que essa fascinante amálgama da natureza com o homem tende a se dissipar. Entre tantos exemplos, podemos citar: quando vemos e tocamos um objeto, nos limitamos a sentir sua espessura e desvendar a sua forma. O que raramente ocorre é nos preocuparmos com o seu resultado sonoro; logo, faltam à sua transmissão as vibrações corretas ao nosso auditivo e receptivo campo emocional. Talvez isso aconteça em virtude da facilidade da utilização desses sentidos; não raro, muitas vezes nos enganamos.

Para iniciarmos um contexto mais amplo, relacionado à importância da natureza do homem e aos sentidos sonoros, surge a necessidade da prática da educação sonora, a fim de que possamos fundamentar uma transformação nas questões musicais junto à escola e à arte-educação. Para isso, apresentamos esta proposta, com o intuito de que ela se torne importante ferramenta no processo evolutivo e educacional. Vamos, então, aprender a descobrir as vibrações sonoras que transformam nosso cérebro?

PRIMEIRA PARTE

Educação sonora e musical

Educação sonora

Como acontece o som

O som se propaga pelo ar e chega até os nossos ouvidos. Mas como isso acontece? É simples assim ou é mais complexo? Ora, nem tão simples nem tão complexo. Observe como acontece o som e como ele se transforma em nosso ouvido.

Para que o som exista é necessário que haja uma espécie de "choque" ou toque. Isso quer dizer que, para que o som surja, dois corpos têm de se chocar ou se tocar, provocando assim uma onda sonora. Quando falamos, emitimos sons. O ar entra em nossas narinas, vai até nossos pulmões e soltamos esse ar que passa por nossas cordas vocais e as vibram, provocando o som de nossa voz. Conforme o tipo de abertura por onde passa esse ar, acontece um tipo de voz com som diferente. O exemplo da voz é bem claro para o funcionamento do som porque sentimos as cordas vocais vibrarem, quando colocamos a mão sobre a região vocal da garganta. Outros tipos de sons podem ser observados, mas lembre-se: alguns sons acontecem independentes de nossa vontade, o das ondas do mar que se chocam com a areia da praia, do trovão, do vento que resvala nas folhas das árvores ou é canalizado em alguns lugares e provoca vários tipos de sons.[1]

A onda sonora e o ouvido

Uma vez emitido o som, ele chega até nossos ouvidos através de uma onda. Ela é chamada de onda sonora. Existem vários tipos de ondas e elas podem variar conforme o tipo de som.[2] A onda sonora é invisível assim como a nossa voz. Ao

---

[1] São os chamados sons naturais, em que não há interferência humana.

[2] Conforme o desenho adiante, as ondas sonoras são longitudinais, isto é, são produzidas por uma sequência de pulsos longitudinais. Elas podem se propagar com diversas frequências, porém o ouvido humano é sensibilizado somente quando elas chegam a ele com frequência entre 20 Hz e 20.000 Hz, aproximadamente. (Hz ou hertz é uma unidade de frequência.)

falarmos, não enxergamos as ondas sonoras que emitimos, mas podemos sentir a vibração, como no exemplo da corda vocal. Quando ouvimos, as vibrações sonoras já chegaram ao ouvido e foram identificadas. Quando a onda sonora atinge nosso ouvido, é captada pelo ouvido externo. Em seguida, a onda penetra o ouvido e chega ao nosso tímpano, que fica entre o ouvido externo e o médio. O tímpano recebe as vibrações da onda e as transforma de modo mais apurado, repassando para pequenos ossos que vibram (martelo, bigorna e estribo). Esses pequenos ossos agem como amplificadores da onda sonora e as vibrações se tornam fluidas no ouvido, sendo repassadas ao ouvido interno. Nesse ouvido interno existe uma espécie de concha, chamada de cóclea. Ela tem a função de transmitir sinais que vão ao sistema nervoso, formado por células. Estas se tornam impulsos elétricos em que o cérebro identifica o som. Ou, de um modo poético, como define Jourdain: "Nossos ouvidos internos são salões de concerto de nosso sistema nervoso, onde a música se desdobra diante de uma ansiosa plateia de milhares de neurônios".[3]

A frequência

Agora que você sabe como as ondas se comportam, nada melhor do que descobrir por que e como o som pode ter resultados diferentes, ou seja, graves ou agudos. O que determina esses resultados é aquilo que chamamos de frequência. Esta marca o número de vezes por segundo que uma onda vibra. Quanto mais vibrações a onda sonora tiver em um segundo, mais agudo o som será. De modo contrário, quanto menos a onda vibrar em um segundo, mais grave será o som. Isso quer dizer que nós podemos captar através do ouvido milhares de ondas diferentes, porque existem também milhares de frequências diferentes.

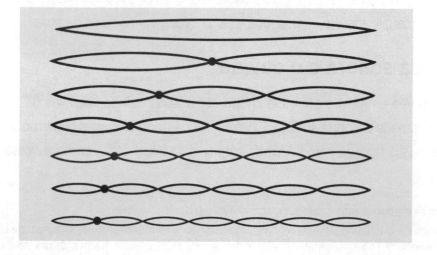

---

[3] JOURDAIN, Robert. *Música, cérebro e êxtase.* Rio de Janeiro: Objetiva, 1997.

As propriedades do som

> Falar sobre os parâmetros do som não é,
> obviamente, falar sobre música!
> As características do som não são, ainda,
> a própria música. Mas a passagem do sonoro
> ao musical se dá pelo relacionamento
> entre sons (e seus parâmetros) e silêncios.
> (Teca de Alencar Brito)

Vimos anteriormente como o som acontece e se manifesta através de ondas sonoras que têm diferenças, conforme suas vibrações: as frequências. Elas definem os tipos de som que ouvimos, resultando em agudos ou graves. O som possui quatro propriedades que definem a sua forma, ou como ele é captado por nós. São elas: altura, duração, intensidade e timbre. Veremos, a seguir, cada uma delas, começando pela altura.

Altura

Para termos uma definição mais exata sobre altura, é necessário lembrarmo-nos do termo "frequência", pois a altura muitas vezes é confundida com as sensações sonoras de alto e baixo. Como vimos, a frequência define os sons agudos e os sons graves, em suas vibrações por segundo. Nas propriedades do som, altura é a definição dos sons graves, médios e agudos. Portanto, quando ouvimos um som grave, é porque ele chega aos nossos ouvidos de forma mais suave. (As crianças costumam definir como grave um som grosso e agudo, um som fino.) Já um som agudo nos chega de forma menos suave (dependendo do agudo, às vezes somos abrigados a tapar os ouvidos por causa do incômodo que nos provoca). No caso do som médio, ele fica no meio-termo. Talvez, a confusão que alguns acabam fazendo na relação altura/alto e baixo, ao invés de grave, médio e agudo, esteja nos aparelhos que traziam o nome altura e não volume, ou, ainda, na própria palavra altura, que não define a suas potências alto/baixo, e sim as suas formas grave, médio e agudo.[4]

---

[4] Num aparelho de som estabelecer mais "altura" pressupõe colocar mais potência ou volume sonoro. Alto e baixo estão ligados diretamente à intensidade sonora.

Exemplos de variações das ondas:

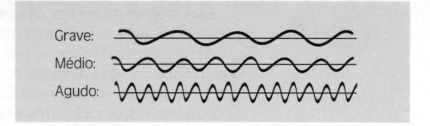

Duração

Da mesma forma que os sons podem ser agudos ou graves – dependendo, é claro, da forma de sua onda –, eles também podem ser longos ou curtos. O tempo em que ocorre a vibração sonora é chamado de duração. Portanto, cada som tem o seu tempo, mas para que isso ocorra vale lembrar que os sons podem ser emitidos de forma aleatória ou proposital. Para demonstrar a sua duração, é bom não se esquecer de alguns detalhes: essa duração depende do tipo de material que está sendo usado para criar o exemplo e, também, da força empregada para demonstrá-la. Essa força que você irá usar para definir a duração do som é chamada de intensidade.

Intensidade

No item anterior mencionamos a intensidade; agora vamos defini-la de forma mais clara. Como a palavra cria a própria definição, intenso está ligado à força e ao vigor. A intensidade na música também está associada à força empregada para executar o som, ou seja, ligada à amplitude na onda sonora. Ao executarmos um som, nós empregamos sempre um tipo de força, mais intenso ou menos intenso; seu resultado pode ser vibrante ou suave. Num aparelho sonoro a intensidade está agregada ao volume ou à potência. Se você aumenta o volume do aparelho, está dando mais potência ao som, automaticamente sua intensidade se modifica. Portanto, é bem simples demonstrar a intensidade, seja com o próprio corpo, seja com algum objeto.[5]

Timbre

Tudo tem uma identidade própria ou uma característica que diferencia uma coisa de outra. Nas propriedades sonoras também não é diferente. A quarta e

---

[5] Uma batida de palmas de mãos, abertas ou em concha, diferencia agudo, grave, forte ou fraco, a depender da força empregada para a execução, como veremos adiante na parte que trata de oficina.

última propriedade que o som possui é o timbre. Ele identifica e caracteriza o som conforme a emissão sonora é executada. Num mesmo objeto ou instrumento, podemos ter vários timbres. Isso vai depender de onde você vai bater no objeto ou instrumento, como vai bater e com o que vai executar o choque sonoro. A resposta captada pelo ouvido é recebida pelo nosso cérebro, que automaticamente formará um tipo de som. É o que nós chamamos de timbre. Portanto, basicamente, timbre é a personificação do som. Vejamos o que nos diz Sacks:[6]

> *A capacidade de manter a noção de constância do timbre é um processo de múltiplos níveis e extremamente complexo no cérebro auditivo, um processo que pode ter algumas analogias com o da constância das cores – de fato, a linguagem das cores é frequentemente aplicada ao timbre, que às vezes é descrito como "cor do som" ou "cor do tom".*

---

[6] SACKS, Oliver. *Alucinações musicais*. São Paulo: Companhia das Letras, 2007.

Educação musical

A música e as propriedades do som

A definição sobre o que é música tem ligação direta com a cultura, os costumes de cada local, os sentimentos arraigados com relação a festas, manifestações variadas e sua época. Desde os primórdios da humanidade, o homem vem aprendendo a lidar com a sua percepção auditiva, recebendo vibrações sonoras, enquanto constrói novas formas de aprimorar esse aprendizado. Esse conhecimento sonoro emocional, adquirido aos poucos, se tornou uma prática corporal e, por fazer parte de sua capacidade racional, a busca ao aprimoramento das coisas fez surgiu no ser a necessidade natural de aperfeiçoar o processo construtivo de objetos. Esses objetos que hoje conhecemos como instrumentos são para o homem a extensão de seu corpo, quando realiza o seu fazer musical.

Para realizar essas práticas musicais, o ser humano percebeu as diferenças que existem no som, ou seja, como cada propriedade do som se diferencia ao se apresentar. Ao tocar os primeiros tambores ou usar troncos de árvores e até ossos para reproduzir os sons e fazer sua "música rupestre", o homem já praticava, mesmo que involuntariamente, a junção das quatro propriedades sonoras: altura, duração, timbre e intensidade. Ou, como bem especificado na parte que fala de educação sonora, o grave, o médio, o agudo, o tempo de duração, os timbres e a alternância entre sons fracos e fortes. A manifestação musical realizada pelos primitivos, por um extinto sonoro, já tinha em sua essência a junção das propriedades do som ligadas às propriedades da música: a melodia, a harmonia e o ritmo. A memorização de uma linha melódica simples – a melodia –, o exercício da alternância de batidas fracas e fortes – o ritmo – e o prazer sonoro do bem-estar – a harmonia.

Para que houvesse uma música mais apurada, era necessário aprimorar essas três propriedades musicais (melodia, harmonia e ritmo) e modernizar seus objetos emissores de som (os instrumentos). Com o objetivo de causar a evolução à sua grande descoberta e fazê-la se tornar cada vez mais parte de suas emoções, o homem, na sua busca musical, utilizou a voz. Para Murray,[1]

> No vocabulário onomatopaico, o homem harmoniza-se com a paisagem sonora a sua volta fazendo ecoar seus elementos. A impressão é absorvida; a expressão é devolvida. Mas a paisagem sonora é demasiado complexa para ser reproduzida pela fala humana. Assim, somente na música é que o homem encontra verdadeira harmonia dos mundos interior e exterior. Será também na música que ele criará seus mais perfeitos modelos da paisagem sonora ideal da imaginação.

Assim, o ser humano modernizou objetos e criou estilo, do mesmo modo que transformou a sua vida. Junto com a história da humanidade e, muitas vezes, se confundindo com a própria, a evolução da música caminha lado a lado e também compõe a sua história, seja ela desde a simples forma rupestre até a mais sofisticada e eletrônica musicalidade. E as inexplicáveis sensações emotivas que provoca a fazem ser cada vez mais cativante.

Uma breve história da música

Os primeiros relatos sobre o surgimento sonoro na história da humanidade estão ligados ao homem, suas emoções e seu contato com o mundo. As adversidades enfrentadas nas épocas iniciais da civilização humana, pelas difíceis condições de sobrevivência, despertaram de alguma maneira o lado emocional humano, dando surgimento a reações gestuais como batidas no peito, com as mãos ou com os pés, na procura de uma forma de comunicação ou como resultado de uma sensação, uma vez que a mente necessitava automaticamente de uma resposta corporal. A introdução dos cantos, dos primeiros instrumentos e dos gestos sempre esteve associada à forma de vida e aos rituais realizados em cerimônias religiosas ou até mesmo em guerras. Cada forma musical está calcada na origem cultural de cada grupo humano, daí a diversidade complexa com que a música nos define e, por muitas vezes, nos une e até nos diferencia.[2]

Numa escala temporal, com relação ao surgimento do som associado à música, podem ser exemplificados alguns períodos:

---

[1] SCHAFER, Murray. *A afinação do mundo*. São Paulo: Unesp, 1977.

[2] CHILDE, V. Gordon. *O que aconteceu na história*. Rio de Janeiro: Jorge Zahar, 1996.

Pré-história: nesse período (cerca de 70 a 50 mil anos atrás) surgem a percussão corporal e outros objetos, assim como gritos e imitações de sons da natureza, domínio de algumas propriedades sonoras, como, por exemplo, altura, timbre.

Os primeiros instrumentos musicais (cerca de 40 mil anos atrás) que surgiram eram feitos de madeira, pedra ou osso, como, por exemplo, xilofones, tambores e flautas.

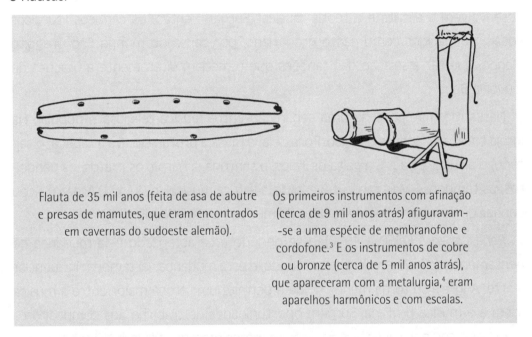

Flauta de 35 mil anos (feita de asa de abutre e presas de mamutes, que eram encontrados em cavernas do sudoeste alemão).

Os primeiros instrumentos com afinação (cerca de 9 mil anos atrás) afiguravam-se a uma espécie de membranofone e cordofone.[3] E os instrumentos de cobre ou bronze (cerca de 5 mil anos atrás), que apareceram com a metalurgia,[4] eram aparelhos harmônicos e com escalas.

Datam da mesma época, com os povos antigos, a influência musical nos ritos solenes e familiares, a criação das primeiras teorias musicais e os instrumentos mais precisos, como a harpa de cordas percutidas (uma espécie de pré-piano), as flautas de cana e de prata, as liras (espécie de arco com 5 a 11 cordas).

Imagens dos instrumentos rupestres e antigos:

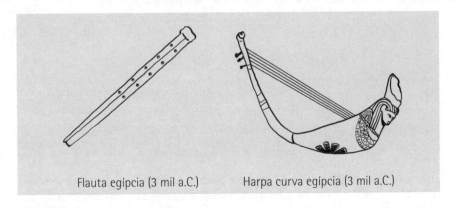

Flauta egípcia (3 mil a.C.)   Harpa curva egípcia (3 mil a.C.)

---

[3] Ver a seção "Conhecendo instrumentos musicais", p. 69.
[4] Metalurgia designa um conjunto de procedimentos e técnicas para extração, fabricação, fundição e tratamento dos metais e suas ligas.

Antiguidade (até 400 d.C.): nas grandes civilizações – Egito, Grécia e Roma – a música tinha uma origem divina e estava muito ligada ao culto dos deuses. Os instrumentos conhecidos nesse período eram: harpas, liras, flautas, alaúdes e instrumentos de percussão.

Idade Média (1400 a 1450): após a queda do Império Romano e a implantação do cristianismo, a Igreja tem um papel fundamental para a música. Os monges desenvolvem a escrita e a teoria musical. Surgem, então, os cânticos litúrgicos vocais, conhecidos como canto gregoriano, por causa do monge São Gregório Magno, que fez a seleção das canções que remetiam diretamente a orações de louvor a Deus.

Nessa mesma época há uma separação entre música religiosa e popular. Na igreja tocava-se apenas o órgão. Fora dela, a música profana usava a rabeca, o saltério, o alaúde, a flauta, a gaita de foles, a sanfona, a harpa, os pratos, os pandeiros, os tambores. Mais tarde, teve início a leitura musical, e Guido D'Arezzo[5] ficou conhecido como um grande teórico da música na Idade Média.

Renascimento (1450 a 1600): esse período é caracterizado pela mudança de pensamento do homem perante o mundo, e esta mudança vai também influenciar a arte. A igreja se torna menos rígida e permite uma troca maior entre a música sacra e a música profana. Surgem oportunidades de trabalho aos compositores e aos músicos por causa das festas e acontecimentos culturais. Nesse período, desenvolve-se a música vocal polifônica (várias vozes) com os madrigais. Os instrumentos de maior destaque nessa época foram o alaúde e as violas de gamba.[6]

Barroco (1600 a 1750): nesse período a música instrumental ganha tanta importância quanto a vocal. Destacam-se instrumentos como o violino e o cravo, e estilos musicais como a orquestra mais robusta, a ópera e o balé.

---

[5] Guido D'Arezzo (992-1050), monge italiano, era regente do coro da Catedral de Arezzo (Toscana). Criador da notação moderna na pauta antiga, batizou as notas musicais com os nomes que conhecemos hoje: dó, ré, mi, fá, sol, lá e si (antes, ut, re, mi, fa, sol, la e si), baseando-se em um texto sagrado em latim do hino a São João Batista.

[6] Instrumento usado no século XV, semelhante a um violão, também conhecido como viola de perna, por seu modo de tocar e tamanho.

Cravo (espécie de pré-piano)   Violino

Classicismo (1750-1810): a música ganha certa leveza diferente do barroco, buscando-se a perfeição estética. Os acordes predominam e as melodias ficam mais claras e definidas; o piano toma o lugar do cravo. Novos gêneros instrumentais são criados: sonata, quarteto de cordas, a sinfonia e o concerto.

Romantismo (1810 a 1910): a liberdade de expressão e os sentimentos tomam conta da música, e surge, ainda, a música folclórica. As melodias românticas têm harmonias mais contrastantes, dando um resultado sonoro diferenciado em variedades de timbres.

Modernismo (século XX): surge como a era das experiências, da procura de novas técnicas e de novos caminhos para a arte em geral. Assim, os primeiros instrumentos eletrônicos (guitarra elétrica e sintetizador) seguem tendências e fases musicais.

O que é música

Uma combinação de sons que estimula nossas emoções. Mas, para que essas emoções se deem, é necessária a junção das propriedades do som: altura, duração, timbre e intensidade. É da integração desses quatro elementos sonoros e suas variações que surgem as propriedades musicais: melodia, harmonia e ritmo.

As propriedades do som interligadas podem ser expressas de várias formas e, segundo especialistas, a música pode ser infinita, dado o número de combinações possíveis. Vamos conhecer agora as propriedades da música e estabelecer uma prática corporal e instrumental de cada uma delas, começando pela melodia.

Melodia

Uma melodia pode fazer parte do passado, do presente e, com certeza, do futuro. Na história da música ela representa fases que a própria música atravessou.

Isso quer dizer que sua criação, da mesma forma que a música, pode ser infinita. Ela também pode ser a combinação ou a sucessão de sons diferentes em alturas e durações. Muitas vezes as pessoas confundem a letra de uma música com a sua melodia: é que o cantar de uma canção automaticamente segue uma linha melódica.

A exemplo do que vimos, o canto gregoriano, por exemplo, era a emissão de vozes com melodia e, com o tempo, foi absorvendo letras e aos poucos emitiu mensagens religiosas. No caso da música instrumental, que já imperou como suprema em determinada fase da história da música, as melodias são sempre mais complexas, e sua associação com a letra está na ópera, por exemplo.

Mesmo hoje, com as músicas mais populares, a melodia ainda é um elemento muito importante para definir a personalidade de uma música. Quando ouvimos uma música popular, ficamos com a melodia na memória, e basta escutar um solo dessa música para nos lembrarmos de sua letra e automaticamente da linha melódica, ou seja, os caminhos que as alturas e as durações da canção irão seguir. O detalhe importante é: uma melodia sempre tem começo, meio e fim. Pode ser tocada, assoviada, cantarolada; se tiver uma linha melódica, é uma melodia.

Atividade corporal

Faça um princípio (ou trecho) de melodia utilizando apenas a voz. Comece emitindo um som usando a letra "A". Inicie com uma determinada altura (aguda) e vá aos poucos alterando a voz para alcançar um tom mais grave. Tente alternar as durações para conseguir uma linha melódica. Ora "A" mais curto, ora "A" mais prolongado. Experimente seguir a sequência abaixo:

• Para "A" maiúsculo, uma voz média e alta.

• Para "a" minúsculo, uma voz grave e baixa.

• Para "AA", uma voz prolongada, média e alta.

• Para "aa", uma voz curta, grave e baixa.

Você também pode fazer outras variações, trabalhando somente as vozes médias e graves, ou ainda prolongadas e curtas. O importante é perceber como a criação de uma melodia pode ser simples. Tente emitir sons de melodias que você já conhece, de fácil assimilação, usando apenas letras vogais: de preferência "A" e "O".

Atividade: melodia com instrumentos

No caso de um trecho de melodia (ou melodia completa), usando instrumentos, experimente tocar as teclas de um teclado ou piano e acompanhar a altura emitida com a sua voz. Você pode tentar com outros instrumentos, como, por exemplo, violão, flauta, ou com o que estiver disponível. Lembre-se: esse exercício é muito bom para a prática vocal, treino de alturas e linha melódica. Mas não esqueça: uma melodia só é completa quando atinge sua totalidade, ou seja, com começo, meio e fim.

Harmonia

Relacionada diretamente à melodia, a harmonia está para a junção dos sons, que, ligados entre si, transmitem uma sensação de equilíbrio em sonoridades. A mistura e a combinação desses sons diferentes e a procura dessa equalização sonora é o que chamamos de harmonia. Se determinadas alturas e durações criam a melodia, para fazer a harmonia, essas mesmas propriedades sonoras precisam estar em sintonia, formando notas que transmitem equilíbrio harmônico. A conclusão que se tem em relação à harmonia é que ela está sempre ligada à efetiva combinação dos sons. E isso independe do estilo musical, ou seja, para cada um, conforme o seu gosto particular, existe uma preferência harmônica, uma vez que a harmonia, assim como a sensibilidade sonora e de musicalidade, está totalmente voltada para a transmissão de emoções, que é a parte essencial e o objetivo da música como um todo.

Atividade: harmonia corporal
Essa atividade exige certo treino com a voz. Procure emitir um som com tom grave: um "O" prolongado, por exemplo. Treine essa expressão sonora e, em seguida, tente encontrar um outro tom para esse mesmo "O", mas um pouco menos grave, num timbre natural, sem forçar nem o grave nem o agudo. Depois, repita o mesmo procedimento, só que desta vez emitindo o "O" um pouco mais agudo. Muito bem, teremos três alterações de alturas e tons: grave, médio e agudo.

Agora, execute o mesmo treino com os alunos. Divida as turmas em três alturas: graves, médios e agudos. Após um período de audição e um pouco de treino de cada turma, ouvindo um de cada vez, todos estarão prontos para tentar realizar uma harmonia vocal. Faça uma sequência: primeiro a turma do grave, segundo a do médio, e terceiro a do agudo. Depois, prepare-os para realizarem o exercício juntos. Conte até quatro pausadamente (como se o intervalo de 1, 2, 3 e 4 fosse o tempo de dizer 101, 102, 103, 104) e experimente ouvir todas as vozes juntas, cada turma obedecendo a sua altura. Vá repetindo o exercício até perceber o encontro harmônico das três alturas.[7]

Harmonia – instrumental

A formação harmônica instrumental é constituída a partir de duas ou mais notas musicais diferentes, quando formam o que chamamos de acorde. Nos instrumentos, os músicos costumam chamar isso de posição. Esse acorde pode ter uma leitura em partitura musical ou cifras,[8] que é a mais usada por pessoas que não sabem leitura musical e que tocam pelo sistema popular: "de ouvido".

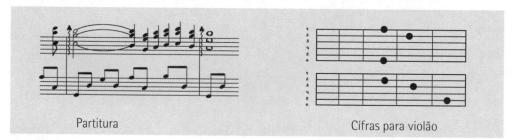

Partitura — Cifras para violão

Para ter uma ideia de acorde, o violão, por exemplo, é um instrumento de seis cordas, que são afinadas conforme cada tipo de corda, da mais grave até a mais aguda, justamente para encontrar harmonias com alturas variadas. No violão o acorde é feito quando executamos uma posição usando uma mão na parte do

---

[7] Tocar uma melodia conhecida só com instrumental ou acompanhamento também é muito bom para essa atividade.

[8] Cifra é uma forma mais simples de posições de acordes, com desenhos e letras (A, B, C, D, E, F, G) indicando as posições dos dedos. Existem vários tipos: para violão, teclado, cavaquinho etc.

braço do instrumento e os dedos para pressionar as cordas em determinada trave – pequenas marcações incrustadas na madeira do instrumento que separam as alturas para gerar notas. Quando pressionamos os dedos nas cordas com uma mão e tocamos com a outra, essas cordas, comprimidas na parte livre do violão, provocam então o acorde. Ele pode resultar apenas da nota feita sob a pressão dos dedos ou ainda ser harmônico, mesmo com algumas cordas soltas, como é o caso de muitos acordes e notas. Ao tocarmos as notas, provocamos os acordes, e a junção destes acordes tem o objetivo de conseguir harmonia. Logicamente que um instrumento desafinado jamais vai conseguir uma harmonia. Numa banda, a harmonia é bem complexa. Imagine os acordes de um violão e, em seguida, uma sequência de bateria para acompanhar esse violão. Depois, um contrabaixo para dar os tons graves e um piano fazendo algum solo dentro da harmonia da música correspondente. É um sistema complexo, mas, se pensarmos numa orquestra com mais de cinquenta instrumentos, veremos que uma banda é simples. O maravilhoso da música, em relação à harmonia, é que ela é variável, pode se dar tanto através de uma voz solitária – num canto "a capela" – quanto na plenitude de uma orquestra sinfônica, em todo o seu esplendor.

Ritmo

Para iniciarmos a explicação, o melhor caminho é lembrar que somos puro ritmo. Claro que cada um tem o seu, mas o mais conhecido e parecido na sua forma e na sua execução sonora rítmica é o coração. Assim como nosso corpo executa o seu ritmo ditado pelas batidas do coração, toda música tem também o seu ritmo, comandado por batidas ou pulsações, cadenciadas em alturas e durações. Vai ver que é por isso que a música mexe tanto com as nossas emoções.

É comum acompanharmos as músicas marcando os seus ritmos. Geralmente usamos os pés, mas também pode ser com mão em palmas e batidas, com o estalar dos dedos ou ainda mexendo o corpo, tentando encontrar uma sintonia entre nós e o ritmo. Quando isso acontece, a impressão que temos é de que a música nos governa, conduzindo-nos por uma estrada imaginária cercada de emoções. Seja do ritmo mais lento – com a música triste – à alegria das batidas dançantes, o ritmo tem uma espécie de regra a seguir. Essa regra é o sentido da pulsação – uma batida forte como a primeira batida do coração –, e essa pulsação é a batida que comanda o compasso. Após a atividade vamos conhecer os compassos.

> *Atividade: ritmo corporal*
>
> Tente acompanhar a batida do coração usando as mãos. Acompanhe a pulsação do coração, nas batidas fortes e fracas, exercendo com as mãos a mesma forma rítmica. Siga o exemplo para batida forte com letra maiúscula e, para fraca, com minúscula. TUM-tum-TUM-tum. Primeiro faça usando as mãos e, após algum treino, para dar mais realidade ou aproximação sonora, bata no peito, seguindo as sequências.
>
> (O ritmo instrumental será mostrado de forma variada na seção "Trabalhando ritmos com bandinha", p. 59.)

Compasso

As batidas intercaladas que formam a pulsação e dão cadência ao ritmo são conhecidas como compasso. Dentro da alternância que possuem os ritmos, observamos que alguns são fracos e outros, fortes. Os mais fortes sempre iniciam o compasso e são chamados de acento. O compasso é dividido em tempos e o primeiro tempo de cada compasso é sempre o mais forte. Existem vários tipos de compassos. Vamos conhecer agora os compassos mais simples e mais usados e seus respectivos tempos:

- compasso de 2 tempos: chamado de compasso binário
- compasso de 3 tempos: chamado de compasso ternário
- compasso de 4 tempos: chamado de compasso quaternário

Compasso de 2 tempos: compasso binário – seguindo o exemplo das batidas corporais, observe o compasso de 2 tempos. Esse compasso é usado na marcha e é um dos mais simples na música. Precedido sempre de um pulso forte (acento) e, depois, de um mais fraco. Lembre-se: maiúsculo forte e minúsculo fraco. Iniciemos a marcha vocal: 1 TUUM-2 Tum, 1 TUUM-2tum, 1TUUM-2 Tum, 1 TUUM-2 Tum...

> *Atividade: 2 tempos no corpo ou marcha corporal*
>
> Marchar no lugar é sempre um bom exercício para aprender o ritmo de 2 tempos ou o compasso binário com a marcha. Pise firme o pé direito uma vez, tente fazer o movimento levantando a perna uma vez forte ao descer e provocar o som forte no chão e outra vez mais fraco, conforme o exercício anterior com a voz. Se quiser pode repetir o compasso vocal junto com o movimento da perna e dos pés. Também pode ser acompanhada com as batidas das mãos no mesmo ritmo da marcha. Então teremos três formas de desempenhar a marcha: vocal, com as mãos e com os pés. Essa atividade pode ainda ser mais variada, uma vez que o movimento das mãos pode passar para o peito, sempre seguindo a ordem do compasso binário no ritmo da marcha.

Compasso de 3 tempos: compasso ternário – usado na valsa, esse compasso segue uma cadência simples, como a marcha, mas com uma batida a mais. Então, se na marcha nós usamos duas batidas, sendo uma forte, que é o acento, precedida de uma mais fraca, no compasso ternário usaremos uma batida forte com a sequência de duas batidas fracas.

Observe: 1 TUM-2 tum, 3 tum, 1 TUM-2 tum, 3 tum, 1 TUM-2 tum, 3 tum...

> *Atividade: três tempos no corpo ou a valsa corporal*
> Use novamente as mãos para dar ritmos com palmas, mas agora exerça o movimento forte na primeira batida e, em seguida, execute mais duas batidas fracas. Esse exercício também pode ser praticado com batidas no peito, seguindo logicamente a mesma levada rítmica. Se quiser, ainda pode tentar um exercício corporal com a valsa. O corpo segue o movimento da dança – dois para lá e dois para cá –, enquanto as mãos fazem o ritmo da valsa – três batidas, ou seja, um acento forte acompanhado de duas batidas fracas ou suaves.

Compasso de 4 tempos: compasso quaternário – vimos anteriormente os compassos de 2 tempos, com o exemplo da marcha, e o de 3 tempos, com o exemplo da valsa. Agora veremos o compasso de 4 tempos. De um modo simples, o compasso quaternário segue o mesmo princípio dos demais, a diferença está em um tempo a mais. Esse compasso é o mais usado nas músicas populares, como rock in roll, baladas e outras variações. Precedido da primeira batida forte, o acento, prossegue com a segunda batida fraca, a terceira um pouco mais forte que a anterior e a última também fraca, na altura da segunda, ou seja, uma forte, uma fraca, uma média e uma fraca. Numa sequência vocal para comparar a exemplos anteriores, segue por tamanhos: 1 TUM, 2 tum, 3 Tum, 4 tum, 1 TUM, 2 tum, 3 Tum, 4 tum, 1 TUM, 2 tum, 3 Tum, 4 tum.

> *Atividade: 4 tempos vocal e corporal*
> Vamos trabalhar com o mesmo exercício anterior, mas agora respeitando o tempo correto do compasso de 4 tempos. Bata no peito seguindo a ordem vocal anterior na explicação do compasso (TUM, Tum). Faça o primeiro som forte batendo no peito com o punho fechado e, na sequência, com a mão aberta. Na próxima batida, novamente de punho fechado, ponha um pouco menos de força e, em seguida, repita a segunda batida com a mão aberta. Execute várias vezes o exercício para adquirir prática. Tente, depois, realizar o mesmo exercício com as pernas e os pés, como se fosse uma marcha, mas respeitando as batidas corretas.

Andamento, tempo e velocidade

A música tem diferentes formas, nos traz as emoções mais diversas com suas melodias e harmonias. Mas o efeito que ela tem, e que está ligado ao coração, como vimos, é o ritmo. A palavra por si só já define: estabelece uma relação entre algo variável em tempo e velocidade ou, como bem usamos na música, o andamento. Para executarmos uma música, necessitamos esquematizar um ritmo que segue um compasso, e esse, por sua vez, deve possuir um determinado tempo ou velocidade. Claro que alguns estilos de músicas já fizeram uma mistura de velocidades, mas, no caso, tratamos aqui de uma música mais simples. O tempo ou a velocidade de cada música pode variar do mais lento até o mais rápido. Em todas as partituras são determinados os andamentos de cada peça musical.[9] Os mais simples são: lento, moderado (andante), alegro (rápido). Dentro dos três pode haver ainda variações para lento ou para mais rápido. No caso de uma música popular, o melhor jeito é perceber a velocidade do tempo da música e tentar acompanhá-la, o que não é difícil, pois todos têm habilidade para fazer isso, seja com palmas, com estalar de dedos ou com os pés.

> *Atividade: tempo e velocidade corporal*[10]
> Que tal fazer um exercício para praticar os três andamentos mais usados?
> • Lento: bata as palmas das mãos contando da seguinte forma: vamos contar lentamente, a partir do número 1001. Com as mãos abertas, comece: repita a palavra MIL e, ao fechar as mãos e batê-las, diga o número Um. Em seguida, continue no mesmo ritmo e velocidade, ao abrir novamente MIL e, ao fechar, o DOIS. Observe como ficará o tempo lento: 1000 e 1, 1000 e 2, 1000 e 3 ou miiilllll e um, miiiiillll e dois, miiiilllll e três...
> • Moderado ou andante: da mesma forma, use as batidas das palmas das mãos. Execute-as seguindo a ordem de um ritmo médio, contando: 101, 102, 103, 104...
> • Alegro ou rápido: use novamente as mãos e, agora, aplique a contagem rápida: 1, 2, 3, 4...

---

[9] Para determinar o grau de velocidade, o compasso é marcado no início da peça (folha de partitura) e algumas vezes no decurso dela.

[10] Os números e as contagens são descritos para determinar o tempo em segundos, com o propósito de diferenciar os três tempos mais usados.

Segunda parte

Oficina de sons

Oficina sonora e musical

Tem como objetivo abordar atividades auditivas para iniciação e apreciação, pois é do exercício de ouvir que decorre o recurso do uso corporal. Todo princípio sonoro e iniciação sonora com instrumentos devem seguir etapas: da audição para o corpo e do corpo para a prática e manipulação dos sons, com criações variáveis, ou seja, do movimento para o instrumento. Esse processo natural acontece desde que o corpo humano revelou-se uma fonte de sons. Para Frederico,[1]

> *Os instrumentos musicais dos primitivos, assim como seus utensílios, tiveram como princípio o corpo humano. Da concha da mão ele chegou ao vaso para beber. Do braço ele chegou ao remo. Depois o homem descobriu que seu corpo reunia vários utensílios sonoros. Como a garganta e a boca já produziam uma melodia, juntou-se o estalar de dedos, palmas, até que braços e pernas acabaram produzindo uma música corporal rítmica.*

Nesta parte que aborda oficina sonora e musical pretendemos sugerir, além da conjunção corporal criativa, práticas interdisciplinares e lúdicas, a partir de conceitos sonoros e musicais; registros para memorização, valorização e aprendizado auditivo; iniciação prática a ritmos e compassos simples, com instrumentos de bandinha e, também, a construção de materiais sonoros e musicais.

Oficina sonora

Desenvolvendo atividades

De modo simples e eficiente, essa oficina visa inserir o educador no mundo sonoro e em suas relações construtivas dentro dos parâmetros do som, bem como em suas propriedades, apresentando propostas para audição, atividades, registros, formação e criação de objetos e materiais, sugestão de brincadeiras, histórias, atividades lúdicas com intuito interdisciplinar.

---

[1] FREDERICO, Edson. *Música*; breve história. São Paulo: Irmãos Vitale Editores Brasil, 1999.

Após o conhecimento sobre os princípios sonoros e as propriedades que o compõem, visto anteriormente, acompanhe a seguir as atividades práticas de cada item explicado.

> *Atividade: como acontece o som*
>
> O som dentro do corpo: comece fazendo um exercício de respiração. Procure respirar bem fundo e, depois, solte o ar de uma vez. Em seguida, solte a voz pronunciando as vogais A, E, I, O, U, de forma prolongada, cada uma de uma vez e depois em sequência. Coloque uma das mãos sobre a garganta, enquanto faz o exercício, sinta a vibração e peça aos alunos para fazerem o mesmo.[2]
>
> Outras formas sonoras corporais podem ser observadas: soltar e prender a mão sobre a garganta intercalando a voz, ouvir a respiração do outro, encostando a orelha em suas costas. Colocar a mão aberta perto da orelha e bater com o dedo sobre ela, depois encostá-la sobre a orelha para perceber as diferenças entre uma ação e outra.
>
> *Sons fora do corpo*: pedir aos alunos que observem os sons que não dependem de nós para serem criados e sugerir imitá-los. Organize grupos, se preferir. Eis alguns sons naturais: pássaros, vento, chuva e outros. E também barulhos e sons das construções, como, por exemplo, das ferramentas, dos veículos.[3]

> *Atividade: a onda sonora*
>
> Entendendo a onda na prática: coloque água num recipiente e faça o teste da onda. Jogue algum objeto pequeno que provoque onda e observe como a água se movimenta em círculos. Para definir melhor, faça o mesmo movimento, mas agora coloque algo que fique boiando sobre a água (uma rolha, um pedaço de isopor). Observe como a onda faz o objeto se movimentar.

---

[2] Esse exercício pode ser executado com variações graves e agudas, conforme a vogal usada, ou ainda ser feito uma vez grave e, em outra, agudo. O objetivo é a sensação de percepção da vibração sonora na mão sobre a garganta.

[3] Essa atividade é muito importante para que a criança observe os sons em seu ambiente diário, no caminho de casa à escola, ou vice-versa. Além de proporcionar a integração com os sons, também produz uma sensação situacional, enquanto ser humano, no meio social.

A onda na corda: você pode usar do recurso mais simples ao mais sofisticado. Estique um cordão e peça para alguém segurar o outro lado. Toque no cordão como se fosse a corda de um instrumento. Você estará realizando uma vibração que resultará em algum som, ou seja, a emissão de uma onda sonora. Se tiver um instrumento de corda, o exercício ficará perfeito, pois o som será mais bem ouvido. Na falta de um violão, crie um berimbau. Apanhe uma vara de madeira flexível e amarre um arame em cada ponta. Em seguida, vá entortando a vareta conforme enrola o arame nas pontas, fazendo um arco para a corda ficar mais esticada. Para emitir melhor o som, use uma vareta de bambu para bater sobre a corda. Para amplificar o som que sai do arame, você pode amarrar em uma das partes uma lata ou um recipiente, de acordo com o tamanho do berimbau (na falta de uma cabaça, que é usada em berimbaus).

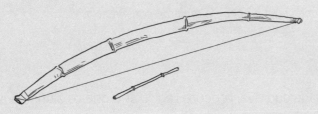

Audição sonora

As atividades visam estimular a criança à audição sonora do ambiente escolar e, também, de casa, das imediações, ou seja, objetiva que ela esteja atenta ao mundo sonoro que a cerca.

Atividade auditiva: o exercício do silêncio
Para iniciar a primeira audição sonora na escola, tanto na sala de aula como no parque, no pátio, ou ainda em outro local escolhido, é necessário chamar a atenção dos alunos para que treinem o exercício do silêncio e, também, para que percebam sua real importância.
Comece o trabalho com sua turma, pedindo que se sente confortavelmente e, em seguida, passe a orientá-la com exercícios respiratórios. Aos poucos, entre uma respiração e outra, vá orientando os alunos a fazerem o máximo silêncio. Após o primeiro ensaio de silêncio, peça a eles que prestem atenção nos sons que chegam. Faça essa observação durante aproximadamente três minutos. Os primeiros sons identificados, provavelmente, serão os que chegam mais alto e mais rápido. Pratique o exercício durante mais alguns minutos e, na sequência, comece a perguntar aos alunos sobre os sons que eles ouviram e memorizaram. Por exemplo: que tipos de sons vocês ouviram?

> Siga uma ordem a sua escolha para perguntar aos alunos. Num primeiro momento, analise o que eles disseram ouvir e estimule-os. No momento seguinte, peça que executem o mesmo exercício, mas prestando mais atenção a outros sons que não haviam percebido: sons mais baixos, diferentes ou distantes. Nesta etapa da atividade, haverá uma alteração: todos deverão permanecer com os olhos fechados. Após a segunda parte da atividade, realize um novo levantamento sobre os sons que ouviram. *Conclusão*: todos perceberão uma boa diferença na percepção auditiva. Exemplifique a diferença de sensibilidade relacionada à audição com e sem o auxílio da visão.[4]
>
> *Observação*: não há uma ordem específica para seguir com relação aos ambientes. O recomendável é que essa atividade seja feita em vários lugares, para que os alunos despertem a sensibilidade auditiva e relacionem sua presença com o som e o meio de convivência.[5]

Registro

Após a atividade auditiva, procure registrar o que os alunos ouviram, anotando ou gravando os sons. Você pode fazer uma lista de sons correspondentes a cada ouvinte. A sugestão para uma memorização ideal é gravar os sons dos ambientes e mostrar aos alunos, de forma que os identifique e classifique. Se quiser, pode-se pedir a eles que reproduzam os sons, imitando-os e gravando-os também.

Encontrando diferenças

Continuando a atividade, na aula seguinte você pode começar a explorar as diferenças dos sons, além de especificar sua formação e propriedades.

Para começar, é sempre bom lembrar a constatação do exercício anterior: nós ouvimos os sons de olhos abertos ou não, com a diferença da superioridade auditiva: ficamos mais atentos a esses sons quando estamos com os olhos fechados. Portanto, é bem simples verificar que o som é invisível e, conforme todos perceberam, ele pode variar de acordo com a distância que percorre para chegar aos ouvidos. Observe os sons na prática auditiva e faça testes:[6]

- O som está longe ou perto?

---

[4] Pode-se fazer uma separação por grupos de sons: naturais, pássaros; motores, sons de carros, caminhões e outros.

[5] O objetivo da conclusão exemplificada é dar noção de percepção sonora. Ao executar a atividade, procure tirar outras conclusões possíveis com os alunos.

[6] Sugestão de perguntas a serem feitas aos alunos.

- Qual a diferença de um som para o outro?

- Qual som pareceu mais agradável?

- Qual som pareceu mais desagradável?

Atividade: construção de objeto para percepção de onda sonora
Para essa atividade – que é fácil de fazer –, relacionada à audição dos sons e a sua prática, você precisará de papel cartão ou cartolina. Pegue a cartolina ou o papel cartão e faça três tubos do mesmo tamanho, com média de 40 centímetros. Observe abaixo que, para cada tubo, você determinará uma largura esférica.
• Tubo com 10 centímetros de largura.
• Tubo com 5 centímetros de largura.
• Tubo com 2 centímetros de largura.
Apanhe um tubo de cada vez e provoque sons com a voz na entrada do tubo. Perceba, ao tocar a mão de leve no tubo, a vibração sonora provocada a cada vez que emite os sons. Em seguida, peça a um aluno de cada vez que toque a mão na parte de fora do tubo, para sentir a vibração sonora. Faça esse procedimento com os três tubos.
Conforme a largura dos tubos, eles perceberão os tipos de vibrações sonoras. Quanto mais estreito o tubo, maior é a vibração. Execute uma variação no exercício: os alunos podem fazer os próprios tubos e realizar o procedimento de falar neles e sentir as vibrações ao mesmo tempo. Essa atividade também pode ser praticada em pequenas caixas de papelão, como, por exemplo, caixas de pastas de dentes e outras.

Sugestão de brincadeiras

Brincando com os tubos

Peça para sua turma usar os tubos que diferenciam as ondas sonoras, numa brincadeira legal. Os alunos podem imitar bichos. Conforme o tamanho do animal, a largura do tubo deverá ser correspondente.

História com sons

Aproveite os sons que os alunos perceberam e memorizaram no exercício do silêncio e monte uma história com eles. Anote o som que cada um ouviu e crie uma história que tenha a participação de todos. Essa história irá incentivar a criatividade, além de exercitar a memória sonora. Por exemplo, os alunos ouviram sons de caminhão, moto, gente conversando, pássaros, ônibus etc. Em uma narrativa orientada pelo professor, cada um escolherá um som e, quando chegar a sua vez, o executará. Numa história sonora interativa, todos se divertem e aprendem a identificar e decorar os sons.

Atividade lúdica interdisciplinar
Prepare sua turma para uma aula de audição. Tenha em mãos CDs de sons da natureza ou com outros efeitos sonoros. Caso não possua tais CDs, pesquise na internet.[7] Junte os alunos e ponha o CD para eles ouvirem. Faça testes perguntando e comparando os tipos de sons e qualificando--os. Por exemplo:
• Som de chuva, trovão, água (rio, mar, cachoeira) – temas ligados a questões ambientais, geografia, ciências etc.
• As propriedades do som: altura, duração, intensidade e timbre.
• Altura: define graves, médios e agudos.
• Atividades: grave, médio e agudo.
Exercício com a voz: faça o teste da voz novamente. Coloque uma mão sobre a garganta e solte a voz de várias formas. Primeiro, experimente uma voz grave. Tente perceber as vibrações que a voz provoca. Mude a voz para uma altura média, nem grave nem aguda. Por fim, procure emitir uma voz fina – ou um falsete.[8] Perceba as diferenças de cada uma.
Grave e agudo com as mãos: bata palmas estaladas e perceba o som que é emitido. Em seguida, com as mãos em forma de concha, bata com a mesma força. A diferença é bem perceptível aos ouvidos: as mãos estaladas, batidas de forma aberta, provocam um som agudo e as mãos em forma de concha, sons mais graves.
Atividade auditiva
Para realizar a atividade auditiva e diferenciar através dela sons graves, médios e agudos, você pode aproveitar o tempo em sala de aula para juntar a sua turma e convidá-la a perceber os efeitos sonoros que a natureza nos oferece, nos ambientes habituais ou em novos lugares.
É bom lembrar que os sons agudos são os chamados sons "finos", ou seja, eles são recebidos em nossos ouvidos de uma forma muito peculiar. Às vezes chegam até a incomodar, quando são extremamente "finos" ou agudos. Por exemplo: um grito, um toque forte ressonante em uma taça ou um assobio estridente.
Os sons graves geralmente são mais vibrantes, pois sua onda sonora é mais "encorpada". Por exemplo: ao realizar uma manobra numa rua, o caminhão emite um som grave, através do motor e do escapamento. Se estamos perto, sentimos as janelas tremerem e temos uma estranha sensação de que nosso corpo e as coisas próximas a nós estão vibrando.

---

[7] Muitos artistas independentes disponibilizam na internet sons da natureza, como, por exemplo, das marés, dos trovões, de chuvas, cachoeiras e outros.

[8] Uso da voz com timbre diferente do natural; voz afinada. O termo "falsete" vem do italiano *falsetto* = "tom falso". É uma técnica vocal por meio da qual o cantor emite sua voz de modo controlado, não natural, por isso "falso".

> O som médio não incomoda como o agudo e nem é vibrante como o grave. Procure, junto com as crianças, no dia a dia encontrar exemplos, além dos já citados, nas observações sobre os sons graves e agudos. Pode ser com animais, com o tempo e suas mudanças, com os sons do bairro, do trânsito e outros. O importante é realizar a prática da observação entre as diferenças sonoras e mensurar o quanto os alunos perceberam essas diferenças.

Registro

Registre tudo usando gravações dos sons em aparelhos ou por escrito, diferenciando e exemplificando o que cada um observou ou, se quiser, peça aos alunos que façam suas próprias anotações. Na impossibilidade de gravação, solicite que descrevam os sons por escrito, usando lápis e folha de papel: para sons agudos, um risco fino com o lápis, e para sons graves, um risco forte. Veja a seguir:

Agudo: pássaro, carro.

Grave: cachorro grande, caminhão.

> *Atividade: garrafas e alturas*
> Para realizar esta atividade serão necessárias duas garrafas – uma de vidro (litro ou 600 ml) e uma de plástico (1,5 ou 2 litros) – e uma vareta de bambu, madeira, metal ou uma régua.
> Separe duas garrafas grandes: uma de vidro (litro) e uma de plástico. Coloque água até a metade de cada uma delas. Separe uma vareta de metal ou de bambu, ou ainda uma régua. Coloque as garrafas uma ao lado da outra e faça um teste: bata com a vareta em cada uma delas para que produzam algum som. Descubra as diferenças sonoras entre o ressonar do vidro e do plástico. Se necessário, aproxime-se para ouvir melhor ou bata com mais força, mas com certo cuidado (o objetivo é ouvir os sons e diferenciá-los). Observe que a garrafa de vidro irá emitir um som agudo e a de plástico, um som mais grave. Peça aos alunos que façam a atividade ou se aproximem para ouvir e perceber as diferenças sonoras entre o grave e o agudo.
> *Resultado*: cada tipo de vareta cria uma variação sonora em contato com as garrafas. As diferenças entre graves e agudos podem variar de acordo com cada material que provoca o choque sonoro da peça.
> Essa atividade demonstra que cada material emite o som grave ou agudo conforme sua composição, espessura, massa etc.

Atividade: potes e cordões

Para esta atividade use potes de plástico grandes (de sorvete), médios e pequenos (iogurte), 1 metro de cordão e uma vela ou pedaço de parafina. Realize uma brincadeira que se transforma em atividade. Pegue um pote grande de plástico (pode ser de sorvete) e um pequeno (pode ser de iogurte). Faça um furo no meio do fundo de cada pote e, em seguida, passe um cordão de fora para dentro. Deixe uma sobra do cordão para fora; então, dê um nó na extremidade para que o cordão não passe ao ser esticado. Pegue a parafina e passe no cordão, desde a parte que sai do pote até a extremidade final que está solta. Proceda da mesma forma com os outros potes, de preferência faça um grande e um pequeno. Segure com uma mão o primeiro pote e deslize a outra mão no cordão para produzir o som. Se for o pote grande, o som será mais grave e, se for o pote pequeno, o som será mais agudo. Faça a atividade várias vezes, para perceber as diferenças sonoras. O efeito sonoro será parecido com um CO, CO, CÓ grave e outro agudo, dependendo é claro como vai ser puxado o cordão.

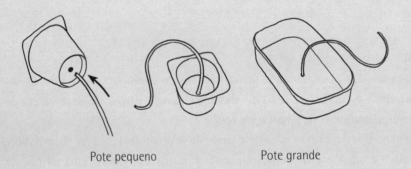

Pote pequeno   Pote grande

Resultado: observe que as diferenças de sonoridades entre grave e agudo, nos potes grandes e pequenos, são respostas sonoras da ligação que o cordão tem em atrito com o material dos potes. As variações acontecem entre sons graves e agudos por conta do tamanho de cada pote e da saída da boca de cada objeto.

Sugestão: aproveite as duas atividades de materiais para construir com os alunos uma pequena banda de garrafas e potes. A brincadeira pode ficar entre os graves e os agudos, mas, com certeza, os alunos vão se divertir e perceber bem as diferenças sonoras.

Atividade: violão na caixa

Para esta atividade, utilize caixa de papelão ou madeira, tamanho pequeno ou médio (de preferência retangular), cordão e linha de pesca (náilon), cortados de acordo com a largura da caixa.

Arranje uma caixa de papelão de tamanho médio, que tenha um material forte ou a espessura resistente (o ideal é uma caixa de madeira, mas, na falta, uma de papelão serve), e separe cerca de 1 metro de cordão e de linha de náilon. Faça dois pequenos furos na parte superior de cada lado da caixa (abertura da caixa) para poder passar o cordão e a linha. Após atravessar o cordão e a linha pelos furos de um lado da caixa, amarre-os bem firme e, em seguida, transpasse para o outro lado, esticando o cordão e a linha nos outros furos. Faça uma paralela entre eles, de modo que fiquem bem esticados e firmes; em seguida, prenda bem o outro lado. Teremos, assim, um violão de caixa de duas cordas. Caso queira colocar mais cordas, faça outros furos. Mas tome cuidado: não fure um buraco muito próximo do outro, para que não dilacere e solte o cordão ou a linha. Veja a seguir como fica o violão de caixa:

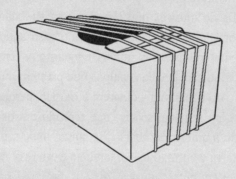

Violão de caixa

Resultado: essa atividade é feita em uma caixa com fundo para se obter a acústica suficiente para se ouvir melhor os sons do cordão e da linha de náilon. O som do cordão emitirá um grave e o da linha de náilon um agudo. Quanto menor espaço tiver o corpo da caixa, menos sons ou mais baixos eles serão repercutidos. No caso de um violão numa tábua, por exemplo, será necessário um tipo de corda bem esticada para que se ouça o mínimo de som. Tome como exemplo o caso do violão e da guitarra. Um violão tem o corpo com certo espaço interno, para os sons das cordas repercutirem dentro dele e depois saírem. Numa guitarra isso não acontece, pois, quando ela está desligada e é tocada, os sons das cordas saem muito baixo. Já com a parte elétrica ligada, esse som é amplificado no aparelho que sai na caixa acústica, provocando uma potência sonora alta ou conforme a potência do som e da caixa.

Atividade: história com alturas

Conte uma história inédita ou uma que a sua turma já conheça. Você também pode usar um livro para realizar tal tarefa. Quase todas as histórias têm personagens. O importante é que tenha em mãos, no caso de um livro, ou em mente, a forma de contar essa história levando em conta a relação de cada personagem com a sua voz.

Nesse caso brincaremos de imitar as vozes dos personagens de duas formas. Você pode realizar a narrativa alterando as vozes de cada personagem, conforme haja um diálogo ou conforme a narrativa. Por exemplo: se fizer uma narrativa grave, o desgaste da voz será menor, deixando a parte aguda para os personagens ou quando algum deles for mencionado. Um outro modo é contar com a participação dos alunos para executar as vozes, tanto agudas como graves. Também se pode fazer a narrativa grave e os alunos responderem aos estímulos da história com a voz aguda.

O importante dessa atividade é poder juntar a magia da contação de história com a diferenciação de graves e agudos. Além de ser divertido, os participantes poderão memorizar as diferenças entre as alturas.

Atividade: diferenciando alturas com músicas

Separe alguns CDs de músicas que tenham uma variedade instrumental, principalmente com guitarras e contrabaixo, no caso agudos e graves. As guitarras geralmente emitem sons agudos, enquanto os baixos sempre sons graves. Durante a audição, peça aos alunos que prestem muita atenção nos sons da guitarra e do baixo. Após ouvirem a música, pergunte a eles como sentiram os sons. Em seguida, solicite que reproduzam os sons que ouviram, diferenciando a guitarra do baixo. Se quiser, pode separar uma turma para imitar a guitarra e outra, o baixo. Também é interessante que os alunos observem e ouçam em outras músicas os sons das vozes dos cantores para diferenciar graves de agudas. Separe CDs de cantores com vozes graves e agudas e apresente aos alunos.[9] Essa atividade também pode e até deve ser realizada com músicas clássicas, em que há uma grande variedade de graves e agudos, claro que, conforme o tipo de música clássica. Procure mostrar primeiro as músicas populares, pois são mais simples para ouvidos que ainda não se acostumaram a realizar essas diferenciações entre graves e agudos. Com o tempo vá introduzindo as músicas clássicas ou a ópera em dueto, em que encontramos o tenor (cantor com voz grave) e a soprano (cantora com voz aguda). Essa proposta de inserir aos poucos músicas como as óperas, que são tão pouco executadas, tem o argumento de diferenciar os graves e os agudos, mas, ao mesmo tempo, coloca o aluno em contato com uma música requintada, sem que ele tenha algum preconceito.

---

[9] Um bom exemplo de vozes graves e agudas são os cantores Tim Maia e Gal Costa. Inclusive gravaram um dueto excelente que pode ser mostrado aos alunos, com a música "Um dia de domingo".

Atividade lúdica interdisciplinar

Dependendo da faixa etária com que você trabalha em sala de aula, através de uma análise poderá concluir que tipo de brincadeira inserir. Entre o grave e o agudo e a diferenciação de vozes ou dos objetos você relaciona as matérias a serem trabalhadas: matemática com inventividade em números, operações e resultados; conjugações verbais, pontuação e regras, em português; educação física, na prática de exercícios com os alunos. Veja alguns exemplos relacionados às matérias:

• Matemática: iniciação aos números, memorização dos números, sendo pares agudos e ímpares graves, ou vice-versa. Nas tabuadas e seus resultados, graves e agudos.

• Português: na leitura em sala de aula, na apresentação do alfabeto e das vogais, sempre com alternância entre graves e agudos. Na conjugação dos verbos, usando para cada tempo verbal um tipo de voz.

Atividade auditiva: tempo de duração do som durante a sua emissão

Faça a mesma atividade realizada para diferenciação de alturas,[10] grave e agudo, mas agora observando o tempo de duração de cada som durante a audição. Observe que o tempo de duração, para ser medido, é um processo mais difícil de ser realizado, uma vez que existem muitos sons que são rápidos demais ou curtos.

Num local onde haja pássaros, você pode pedir aos alunos que percebam quais produzem um som mais prolongado e quais emitem sons mais curtos. Observe, junto com a turma, outros sons do meio ambiente e procure distingui-los quanto ao tempo de duração. Depois, pergunte a eles que diferenças encontraram. Dentro da sala de aula, numa emissão sonora não natural, você pode utilizar um apito emitindo um som prolongado e, em seguida, sons intercalados de modo curto, para explicar aos alunos as diferenças. Eles também podem usar os assovios ou as vozes para compreenderem as diversidades nas durações sonoras.

Registro

Grave os sons e suas durações num aparelho e também registre numa folha de papel, definindo quais os sons naturais e não naturais mais longos e mais curtos. Veja abaixo como fazer o registro:

Sons longos

Pássaro: fiiiiu ⸻⸺⸻

Apito: priiiiiiii ⸻⸺⸻

Buzina: fooooom ⸻⸺

Sons curtos

Pássaro fiu-fiu __ __ __ __ __ __

Apito pri-pri-pri __ __ __ __ __ __

Buzina: fonfom, fom, fonfom __ __ __ __ __

---

[10] Ver p. 43, deste livro.

Lembre-se sempre de que os sons naturais são aqueles que independem de nós, ou seja, estão dentro de um processo natural de acontecimentos: bater do vento nas folhas, ondas do mar etc. E os não naturais são aqueles que sofrem interferência humana, podendo ser provocados.

Atividade: duração (tempo de permanência da onda sonora)

Contando a duração: para esclarecer aos alunos de forma mais prática, procure ter em mãos algum instrumento: um triângulo, um agogô ou um sino. Com uma vareta de metal, toque na ponta do instrumento: se for um triângulo, toque no meio do instrumento, para uma duração mais longa, e na junção da curva do objeto, para uma duração mais curta. Em seguida, conte o tempo do som, desde seu início até o seu final, ou seja, o tempo em que o ouvido consegue distinguir o som. Se for um sino ou um agogô, toque a vareta na abertura do instrumento ou na parte mais larga, para ter duração mais longa. Agora, bata novamente no instrumento, com a mesma força anterior, mas em outro local que não na ponta, onde for a parte mais fechada desse instrumento. Confira e demonstre a diferença nas contagens realizadas. Cada som executado tem uma duração.

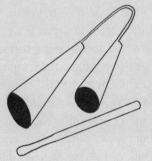

Exemplo: som do sino:

Agogô:

Tim

1, 2, 3, 4, 5, 6, 7, 8, 9, 10...

1, 2, 3, 4.

Duração na corda: mais fácil ainda é demonstrar a duração com as cordas de um violão (dê preferência a esse instrumento, por ser mais fácil de obter em comparação com outros, como o caso de um violino). Também pode ser usado um teclado. Claro que a explicação a ser dada é sobre a força do toque no teclado para obter as durações desejadas e o tipo de instrumento que ele está imitando.

Com o violão em mãos, realize a demonstração: peça a um aluno que aproxime ou encoste a orelha na parte do corpo do violão. Ou ainda que coloque a mão sobre a madeira do violão. Em seguida, toque com o dedo a primeira corda, que é a mais grossa. No caso, a corda mais grave. Depois, conte ou peça ao aluno que conte até o som ficar imperceptível ao ouvido. Repita o procedimento, só que agora em uma corda, de preferência, mais aguda – no caso a última corda ou a da parte de baixo, a mais fina. Abra a contagem e mostre aos alunos de forma prática e simples que cada som tem a sua duração. Esse exercício também pode ser usado para demonstrar a vibração sonora, as alturas: no caso, a corda grossa é o grave e a fina, o agudo.

Atividade: construção de garrafas e duração do som
Esta atividade é feita com garrafas de vidro (de 1 litro ou 600 ml) e varetas de metal, madeira ou plástico.
Para definir a duração dos sons, usaremos agora duas garrafas de vidro. Uma delas deverá estar vazia e a outra cheia de água. Coloque uma ao lado da outra, em seguida, apanhe a vareta e faça o teste. Dê uma batida na garrafa cheia e observe o tempo de duração da emissão sonora que ela produziu. Você pode tentar contar ou marcar quanto tempo o som durou. Após, faça o mesmo procedimento com a garrafa vazia. Depois, compare o tempo de duração do som de cada garrafa. Você pode fazer essa atividade com outras garrafas, potes e copos. O importante é que o material seja o mesmo, no caso, vidro. Outros materiais também podem ser usados. É sempre bom realizar a atividade com materiais que permitam uma emissão sonora que torne possível a contagem do tempo de duração.

Atividade: duração do som em caixa de papelão
Use a mesma caixa de papelão ou de madeira que foi utilizada para a atividade de alturas.[11] Observe desta vez o tempo de duração sonora que o cordão e a linha de náilon emitem durante a sua execução. Na falta de uma forma mais clara de audição, perceba o tempo de duração da vibração de cada material, durante a execução. Como foi feito com a corda de violão, tente contar esse tempo ou mostrar aos alunos a duração da vibração de cada corda. Lembrando sempre a todos: som é vibração.

Atividade: duração do som em canos
Para esta atividade serão necessários pedaços de canos de metal, alumínio, ferro e PVC, e vareta de metal.
Você pode tentar medir o tempo de duração em vários tipos de material. No caso dos canos de materiais diferentes é muito mais interessante para demonstrar que a duração depende da força que você emprega para fazer o som, mas depende principalmente do tipo de material que é utilizado. Corte canos com a mesma medida de tamanho e largura. Faça os testes de duração e demonstre aos alunos. Na falta de canos de vários materiais, você pode realizar as diferenças com canos de PVC de vários tamanhos, como um xilofone,[12] onde cada tamanho corresponde a um som, a uma altura e a um tipo de duração.

Resultado: é importante realizar essas atividades com vários materiais para que os alunos percebam a importância sonora que cada objeto tem, relacionando assim as suas durações respectivas. Uma vez que o aluno aprende a diferenciar através de materiais as durações sonoras em objetos diferentes, ele poderá realizar de forma mais lúcida esse tipo de diferenciação quando estiver em contato com instrumentos. Além disso, suas descobertas sonoras nas atividades de alturas e duração com os objetos comuns poderão facilitar o seu interesse em atividades musicais alternativas, como a construção de instrumentos e suas sonoridades peculiares.

---

[11] Ver p. 45 deste livro.
[12] Denominado instrumento de percussão de alturas definidas e sons determinados, conforme os tamanhos das partes que serão percutidas. Ver xilofone, em "Construindo instrumentos musicais".

Histórias com duração

Você pode contar uma história em que as crianças vão emitir sons curtos ou longos. Conforme cada tipo de personagem, os sons terão longa ou curta duração. Podem ser pássaros e outros bichos. Por exemplo: o sapo. Quando ele pula, emite um som curto (Tum), e quando canta, faz um som longo (weiiib). Outros bichos podem entrar na história, basta lembrar aqueles que têm sons de curta e de longa duração. Ao utilizar um livro para contar a história, por exemplo, é possível intercalar a narração com palavras-chave dessa história, usando as durações curtas e longas para emitir essas palavras.

Atividade lúdica interdisciplinar
Use a contagem de duração de sons para efetuar exercícios com números. Por exemplo, você pode provocar um som com um apito, enquanto os alunos contam o tempo de duração do som do apito. O controle da duração ficará a seu critério, conforme o tipo de atividade matemática que queira realizar. Além do apito, também pode usar uma garrafa de vidro ou plástico para emitir o som. Basta assoprar na boca da garrafa.
Essa atividade também pode ser feita com uma caixa de pasta de dentes: com um lado fechado, assopre a parte aberta para emitir o som. A contagem pode ser variada, de 1 em 1, de 2 em 2, de 3 em 3; multiplicando, somando, dividindo. Tudo dependerá do nível de aprendizado dos alunos.
Numa atividade corporal, como na citada história com duração, você pode aplicar a contagem usando exercícios corporais: mexer as pernas, os braços ou fazer outros movimentos, conforme o tempo de duração de cada som.

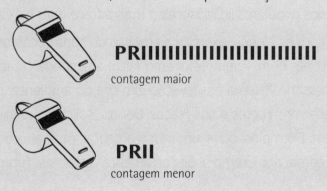

PRIIIIIIIIIIIIIIIIIIIIIIIII
contagem maior

PRII
contagem menor

Atividade: intensidade (força empregada para produzir o som)
Intensidades corporais: com as mãos é fácil dar um bom exemplo disso. Bata a palma de uma mão com a outra com extrema força. Um estalo forte dará o resultado de sua execução. Repita o procedimento, mas agora de forma suave. Se preferir, demonstre, de formas diferentes, desde o som mais intenso até o mais fraco possível.
E não esqueça: mesmo que não perceba, às vezes, o simples toque de uma mão com a outra já produz som. Quer tirar a dúvida? Aproxime as mãos do ouvido e depois execute a palma bem de leve.
Intensidade nos objetos: da mesma forma que realizou o exercício de intensidade nas mãos, você pode fazer também com algum objeto. Apenas tome certos cuidados para não ferir as mãos; se preferir, por segurança, use outro objeto para bater, como uma baqueta, por exemplo.

Atividade auditiva

Assim como feito na atividade para observar as diferenças dos timbres, junte sua turma e, agora, preste atenção nas diferentes intensidades sonoras. Como vimos, a intensidade está ligada à força empregada para realizar os sons, resultando nos termos populares ligados a eles: mais altos e mais baixos.

Numa roda com os alunos, exercite a emissão de sons vocálicos altos e baixos. Comece com vozes num volume extremo (alto) até chegar a apenas sussurros (baixos), se necessário.[13] Numa observação externa do ambiente, peça aos alunos que atentem aos sons fortes e aos fracos. Depois, solicite que executem os sons que observaram. Exemplos: ouvir um pássaro cantar mais alto do que outro, ou sons intensos, como, por exemplo, de ferramentas elétricas, furadeira.

Registro

Novamente, use um gravador para distinguir os sons emitidos pelos alunos de forma mais ou menos intensa, ou seja, mais fortes/altos e mais fracos/baixos. Os

---

[13] Os sons pronunciados podem ser onomatopeias (palavras que descrevem os sons, como, por exemplo, som de mordida: nhac), números, letras ou outros.

sons do ambiente também são grandes fontes para exercer as diferenciações e depois mostrar aos alunos numa aula de audição. Num registro por escrito, procure usar cartões que representem os sons fortes e os fracos. Você também pode pedir aos alunos que confeccionem seus próprios cartões. Veja a seguir os exemplos.

Som forte ou alto: um cartão com uma seta para cima, ou cartão com um triângulo.

Som fraco ou baixo: um cartão com uma seta para baixo, ou cartão com um círculo.

Observação: no exemplo anterior, o triângulo representa o formato alto ou forte, por apontar para cima, e o círculo, por não apontar. Também podem ser usados desenhos grandes para sons alto/fortes e pequenos para fracos. Utilizar ainda letras, números e outros tipos de códigos. Nesse caso, a relação de intensidade estará ligada ao tipo de linguagem e de aluno.[14]

> *Atividade: intensidade (vários materiais ou os mesmos)*
> Aproveite os mesmos materiais utilizados nas atividades práticas anteriores – de altura, duração e timbre – e execute as batidas alternando entre forte, intenso ou fraco, menos intenso. O resultado sonoro de cada material ou objeto vai depender da execução ou força empregada.
>
> *Histórias com intensidades*
> Utilize as sugestões anteriores e acrescente a essas formas de contar histórias a propriedade da execução sonora da intensidade. Como já especificamos, ela está associada à força executada aleatória ou propositalmente; portanto, procure perceber quando estabelecer a força da intensidade ligada aos sons altos. Exemplos: batida de porta, sussurro, grito, sons de passos e outros.

---

[14] Para cada faixa etária é usado um tipo de código, podendo o exercício ser trabalhado conforme as séries das turmas também. Daí a sugestão da geometria, o que não impede que se usem outras formas de decodificação.

Atividade lúdica interdisciplinar

Você pode utilizar as mesmas sugestões das atividades interdisciplinares anteriores, com a diferença de observar os sons fortes e fracos relacionados à intensidade, tanto em narrativas de leituras, práticas de matemática ou português. Além disso, e principalmente, pode relacioná-la aos exercícios de educação física, nas realizações de atividades corporais, usando as mãos e os pés.

Atividade: timbre (através dele diferenciamos um som de outro, conforme sua personificação ou originalidade).

Timbres no corpo: cada pessoa possui um timbre de voz. Essa voz também pode mudar o seu timbre, engrossando, afinando (um falsete), quando está rouca etc. Procure fazer o aluno descobrir essas diferenças. Primeiro, solicite que diga uma palavra. Os demais alunos também repetirão essa mesma palavra. Peça então muita atenção para que cada um deles perceba a diferença das vozes e descubra que algumas são parecidas, porém têm timbres distintos. Também se pode utilizar um tipo de canto ou um trecho de música.

Timbres nos objetos: todos os objetos têm timbres diferentes e possuem variados timbres neles mesmos. Na sala de aula podemos pegar diversos exemplos para expor as divergências dos timbres, como, por exemplo: bater o dedo sobre a carteira, que resulta em um timbre. Para diferenciar, intercale entre o dedo na carteira e o lápis.

Nos instrumentos, podemos criar exemplos abafando a superfície do objeto para alterar os timbres. No violão, por exemplo, cordas soltas geram um timbre e cordas presas, outro. No surdo, uma batida com a baqueta emite um som grave, que resulta em um timbre, mas, se colocarmos uma mão sobre a superfície e batermos a baqueta novamente, teremos um outro. E assim acontece com outros objetos e instrumentos.

Atividade auditiva

Junte sua turma e inicie o exercício para diferenciação dos sons, pois os timbres são as particularidades e qualidades sonoras de tudo que produz som. Faça uma roda e peça a cada aluno que emita sons naturais com a voz. Pode ser o próprio nome, ou qualquer frase ou palavras, combinadas antecipadamente, assim como números e outras coisas. O importante é que, no momento em que alguém disser algo, todos devem ficar atentos para observar o seu timbre de voz. No ambiente externo, procure fazê-los perceber as infinitas sonoridades e particularidades de cada som, como, por exemplo, dos pássaros, do vento, de outros animais, ou qualquer tipo de som que dependa do lugar em que se encontram. O importante é chamar a atenção dos alunos para cada som em particular e fazê-los perceber a importância dessa diversidade sonora que se altera conforme os ambientes.

Registro

Faça o registro gravando as vozes dos alunos para que percebam as diferenças de timbres, a forma como cada um fala e emite os sons vocais, o jeito peculiar de falar: alguns apressados, outros tímidos, uns mais alto, outros mais baixo. Além das vozes, você pode registrar também outros sons naturais do ambiente. E também pode executar sons para gravar e demonstrar aos alunos. Caso queira, peça que façam o mesmo, gravando os sons do ambiente em casa, na rua, na feira, ou ainda executem os sons e gravem para poder diferenciar melhor cada timbre.[15]

> *Atividade: construção — timbres (variados em materiais)*
> Para esta atividade serão necessárias caixa de papelão, garrafa de vidro, pote de plástico, caixa de madeira, cano de metal, alumínio ou PVC, vareta (madeira, metal etc.).
> Trabalhe com a variação e descoberta dos timbres com cinco objetos. Primeiro, separe os cinco tipos de material para exemplificar os timbres e suas diferenças. Tente variar entre plástico, papelão, vidro, metal e madeira. Use recipientes feitos com estes materiais e desenvolva uma repercussão sonora em cada um deles. Se quiser, use uma vareta. Realize o procedimento para os alunos e, em seguida, convide-os a repetir. Faça com que todos percebam as diferenças sonoras que existem de um material para o outro. Se quiser, pode mudar o lugar, durante a batida da vareta, para demonstrar que os timbres também variam num mesmo objeto, sendo claro que cada um em particular tem um som diferente.
>
> *Atividade: timbres diferentes (materiais iguais)*
> Para esta atividade vão ser usadas garrafas de vidro, vareta (madeira, metal) e água.
> Apanhe cinco garrafas de vidro e prepare a diferenciação sonora dos timbres. Coloque em quatro delas quantidades variadas de água, deixando apenas uma vazia. Faça da seguinte forma: separe as garrafas pela ordem, sendo a primeira vazia, a segunda com pouca água (1/4), a terceira pela metade, a quarta quase cheia (3/4) e a quinta cheia até a boca. Deixe as garrafas com a boca aberta, para o som sair mais claro. Em seguida, bata com a vareta e perceba as diferenças de timbres que cada uma produz.
>
>

---

[15] Organizar os registros é muito importante para que os alunos compreendam os objetivos das atividades. Siga as sugestões programando por aula, turma ou da melhor forma que encontrar, mas sempre de modo planejado.

Atividade: materiais iguais (outros tipos de timbres)
Para obter outros timbres de sons com o mesmo objeto, faça o exercício do sopro na boca das garrafas. Neste caso, use pelo menos três delas: uma vazia, uma com 1/4 de água e uma pela metade ou com 3/4 de água.

Exemplo: menos água FOOOMMM, mais água: fuuuuu

Atividade: histórias com timbres
Com vários tipos de histórias você pode exercitar as diferenciações dos timbres, usando animais como personagens, vozes diferentes e outros recursos. O importante é que todos pratiquem e se sintam estimulados a fazer os sons. E quanto mais variáveis eles forem, mais interessante a história se tornará. Numa narrativa, a mudança de voz, como um falsete, por exemplo, uma voz grave ou uma alteração engraçada, já diferencia e causa uma observação aos timbres diversos. Outro recurso a ser utilizado é o aproveitamento de materiais diversos na história, sendo que, em dado momento da narrativa, cada objeto fará uma emissão sonora, para que os alunos associem o timbre com a personalidade do personagem. Numa sala de aula, por exemplo, o material escolar pode se tornar personagem da história, ao produzir o som de cada um: um lápis batucado na carteira, uma folha de papel do caderno, uma batida com a mão na lousa, uma batida com a mão na carteira, com a caneta ou com a borracha. Num ambiente externo, o aproveitamento poderá ser bem melhor, dependendo é claro onde será feita a narração da história.

Atividade lúdica interdisciplinar
Você pode usar o exemplo dos timbres de várias formas, em diversas disciplinas; depende é claro, da faixa etária com que se está trabalhando. É possível fazer desde a diferenciação das cores para as crianças menores, associando os timbres com determinada cor, até projetos de ciências com os alunos maiores, usando o corpo humano e seus timbres como exemplo.

Sugestão: uma forma de integrar os alunos de todas as idades tem como princípio um projeto de inclusão. Cada som possui uma particularidade ou uma personalidade própria, e o mesmo acontece com o ser humano, se considerarmos sua personalidade, raça, cor, aparência, altura, forma, peso, tipo etc. Usando como exemplo os timbres, estabeleça que cada aluno deverá produzir um som com algum objeto diferente e solicite a todos que observem e respeitem a vez de cada um. Após a audição, faça a seguinte observação: no mundo sonoro, cada objeto tem uma particularidade, ou seja, uma forma de apresentação para exibir sua existência e marcar sua presença, e com o ser humano também é assim: cada um tem sua personalidade, sua particularidade e sua importância existencial. Somos timbres humanos e todos têm a sua importância.

Oficina musical

Nesta parte, trabalharemos os ritmos e compassos básicos usando sinais para facilitar cada execução. Partindo do princípio corporal correspondente ao estilo da proposta, seguimos com praticidade para trabalhar com instrumentos de bandinha. Ainda apresentaremos construção e divisão de instrumentos, além de conhecimentos de alguns materiais sonoros.

Trabalhando com ritmos corporais

Para trabalho com formação de célula rítmica e adequação dos ritmos corporais dentro de cada compasso, usaremos sinais para identificar os pulsos e suas diferenças relacionadas à altura e intensidade e duração. Eis os sinais:[16]

X – forte
M – médio
O – fraco
* – pausa

---

[16] Os sinais X (forte), M (médio), O (fraco) foram determinados pelo autor para facilitar a diferenciação das batidas ou identificação dos pulsos.

Ritmo corporal primeiro: marcha (compasso de 2 tempos)

Experimente realizar o primeiro ritmo usando as mãos e depois os pés, para tocar no corpo o ritmo da marcha. No primeiro exercício, nós trabalharemos só as mãos e, em seguida, as mãos e os pés juntos, seguindo os sinais abaixo. O compasso é o binário e o tempo é o médio, ou seja, nem lento nem acelerado.

Primeira atividade:

Tempo-velocidade: médio (andante)

	1	2		1	2		1	2		1	2
Mãos	X	O		X	O		X	O		X	O

Segunda atividade:

	1	2		1	2		1	2		1	2
Mãos	X	O		X	O		X	O		X	O
Pés	X	O		X	O		X	O		X	O

Variação para marcha:

	1	2		1	2		1	2		1	2
Mãos	XO	XXO		XO	XXO		XO	XXO		XO	XXO
Pés	XO	XXO		XO	XXO		XO	XXO		XO	XXO

Cada período de tempo marcado com os números 1 e 2 equivale a um compasso.

Ritmo corporal segundo: valsa (compasso de 3 tempos)

O segundo ritmo corporal a ser trabalhado é a valsa, com o seu compasso ternário. Pratique o exercício a seguir conforme os sinais anteriores, com algumas diferenças básicas entre fortes e fracos. Preste atenção às batidas das mãos e dos pés, pois a valsa tem uma batida a mais, somando três em cada compasso.

Primeira atividade:

Tempo-velocidade: médio (andante)

	1	2	3		1	2	3		1	2	3		1	2	3
Mãos	X	O	O		X	O	O		X	O	O		X	O	O

Segunda atividade:

	1	2	3		1	2	3		1	2	3		1	2	3
Mãos	X	O	O		X	O	O		X	O	O		X	O	O
Pés	X	O	O		X	O	O		X	O	O		X	O	O

Na valsa é necessário realizar a prática tomando um cuidado: bata o pulso forte com a palma da mão e os fracos com a ponta dos dedos. Pode--se fazer uma alteração, caso sinta dificuldade de as batidas seguirem a seguinte ordem: uma batida forte com as mãos e outras fracas no peito. Com os pés, o procedimento é simples: pise firme com o primeiro passo forte e continue com dois fracos.

Ritmo corporal terceiro: vários (compasso de 4 tempos)

O terceiro ritmo corporal a ser exemplificado é o compasso quaterná-rio, que compõe o seu uso em vários estilos musicais populares. Procure exercitar as batidas nas mãos e nos pés, seguindo esta ordem: a primeira batida forte, a segunda fraca, a terceira média, entre fraco e forte, e a quarta fraca novamente. Neste caso específico, usaremos três sinais: X, representando o pulso do compasso, que é o forte, o M que é o médio e o O, que é a batida fraca.

Primeira atividade:

Tempo-velocidade: médio (andante)

	1 2 3 4	1 2 3 4	1 2 3 4	1 2 3 4
Mãos	X O M O	X O M O	X O M O	X O M O

Segunda atividade:

	1 2 3 4	1 2 3 4	1 2 3 4	1 2 3 4
Mãos	X O M O	X O M O	X O M O	X O M O
Pés	X O M O	X O M O	X O M O	X O M O

Variação:

	1 2 3 4	1 2 3 4	1 2 3 4
Mãos	X O M OO	X O M OO	X O M OO
Pés	X O M OO	X O M OO	X O M OO

A variação anterior é para exemplificar o quanto o ritmo quaternário pode ser variável entre as batidas, conforme cada tipo de música, respeitando sempre o tempo dentro do compasso.

Trabalhando ritmos com bandinha (compassos de 2, 3 e 4 tempos)

Apresentaremos a seguir os princípios de ritmos básicos e compassos simples a serem usados na bandinha escolar ou em formação de células rítmicas para outros fins. Para exemplificar o uso costumeiro de bandas simples, estabelecemos alguns instrumentos: tambor grande, tambor médio, coco, chocalho, frigideira, reco-reco, pratos, caixa, pandeiro ou panderola.[17] O primeiro ritmo a ser traba-lhado com os instrumentos, pela ordem, é a marcha, cujo compasso é o binário.

Abaixo segue descrição de cada instrumento, explicando seu acompanhamento e o modo de execução. Observe que os instrumentos citados não trabalham com batidas e sim com movimentos.

- Chocalho: movimento da mão para a frente e para trás. O primeiro movi-mento para a frente é forte e o segundo, para trás, é fraco.

---

[17] Instrumentos mais usados em bandinhas de escolas ou de fácil confecção para realização das atividades.

- Reco-reco: deslizar e frisar o instrumento para a frente – forte – e para trás – fraco –, com a vareta.

Dica: para executar o ritmo da marcha nos instrumentos, o ideal é seguir a marcação de um relógio (o TIC é o pulso com resposta forte e o TAC é a batida fraca) com pulso e resposta.

Sobre as variações: assim como examinamos as variações nos ritmos e compassos executados com o corpo, agora vamos ver como isso se dá com alguns instrumentos, sempre respeitando o devido compasso e sem perder a noção do tempo correto. Cada compasso é estabelecido por uma sequência correta, e trabalharemos os compassos simples, já demonstrados no exercício corporal. A diferença nas variações é o número de batidas do instrumento dentro do compasso correto. Observe os exemplos:

Marcha – compasso de 2 tempos	1	2	1	2	1	2
Instrumento: tambor	X	O	X	O	X	O
	Forte	fraco	forte	fraco	forte	fraco
Tambor com variação	1	2	1	2	1	2
	X	O	X X	O	X X	O

Acompanhe a seguir a tabela com a variação de acordo com o instrumento, para execução de uma bandinha. Você pode começar com o modo simples, para todos os instrumentos, e depois fazer as variações conforme a tabela.

Marcha – compasso de 2 tempos

Tempo/compasso/ritmo médio								
Instrumento	1	2	1	2	1	2	1	2
TAMBOR GRANDE	X	O	X	O	X	O	X	O
TAMBOR MÉDIO	X	O	X X	O	X	O	X X	O
COCO	X	O	X	O	X	O	X	O
TRIÂNGULO	X	O	X	O	X	O	X	O
CHOCALHO	X	O	X	O	X	O	X	O
FRIGIDEIRA	X	O	X	O	X	O	X	O
RECO-RECO	X	O	X X	O	X	O	X X	O
PRATOS	O	O	O	X	O	O	O	X
CAIXA	X	OOO	X X	O	X	OOO	X X	O
PANDEIRO	X	O	X X	O	X	O	X X	O

Observação: em alguns instrumentos percebemos algumas variações. No caso dos tambores (após realizar o exercício da marcha com todos os instrumentos de forma igual, ou seja, forte e fraco numa mesma ordem), as variações acontecem com o tambor médio, justamente para evitar a repetição do primeiro e poder concluir um efeito de contrassurdo. No reco-reco é usado para dar uma variação de agudos, já que estes seguem a ordem simples. Nos pratos podem ser marcadas as batidas fracas no primeiro, até a metade do segundo compasso, ficando a batida forte para o final do segundo compasso. Na caixa, onde se requer mais atenção, a tabela já demonstra a variação simples que ela exerce: a batida no instrumento geralmente é feita com uma baqueta. Na tabela está sendo pedida uma batida forte durante o número um do tempo, seguida de três batidas fracas no período do número dois. As variações também podem ser realizadas de acordo com a habilidade de quem está tentando tocar. No caso, para facilitar, também pode ser usado na caixa todas as batidas fortes, mas sempre executando-as dentro do compasso.

Valsa – compasso de 3 tempos

Instrumento	Tempo/compasso/ritmo médio								
	1	2	3	1	2	3	1	2	3
TAMBOR GRANDE	X	O	O	X	O	O	X	O	O
TAMBOR MÉDIO	X	O	O	X	O	O	X	O	O
COCO	O	X	X	O	X	X	O	X	X
TRIÂNGULO	X	O	O	X	O	O	X	O	O
CHOCALHO	O	X	X	O	X	X	O	X	X
FRIGIDEIRA	O	X	X	O	X	X	O	X	X
RECO-RECO	X	O	O	X	O	O	X	O	O
PRATOS	*	*	X	*	*	X	*	*	X
CAIXA	X	O	X	X	O	X	X	O	X
PANDEIRO	X	O	O	X	O	O	X	O	O

Observações: as variações anteriores estão concentradas nos instrumentos agudos, pois o compasso de 3 tempos pressupõe uma primeira batida – pulso forte – seguido de duas batidas fracas. As alterações aos devidos instrumentos são usadas para harmonizar os encontros entre essas alturas, graves e agudas (coco, chocalho, frigideira). A caixa, na tabela, já aparece com uma variação entre forte, fraco, forte. Por ser um instrumento que requer maior variação dentro dos tempos, pode-se alterar essa variação, desde que se respeitem os tempos. Os pratos são os instrumentos mais agudos, que definem o final de um compasso, por isso aparecem fazendo pausas em dois tempos, com um terceiro fazendo pulso.

Ritmo variado – compasso de 4 tempos

Instrumento	Tempo/compasso/ritmo médio											
	1	2	3	4	1	2	3	4	1	2	3	4
TAMBOR GRANDE	X	O	X	O	X	O	X	O	X	O	X	O
TAMBOR MÉDIO	X	O	X	OO	X	O	X	OO	X	O	X	OO
COCO	X	O	X	O	X	O	X	O	X	O	X	O
TRIÂNGULO	O	X	O	X	O	X	O	X	O	X	O	X
CHOCALHO	X	O	X	O	X	O	X	O	X	O	X	O
FRIGIDEIRA	X	O	X	O	X	O	X	O	X	O	X	O
RECO-RECO	X	O	O	X	X	O	O	X	X	O	O	X
PRATOS	*	*	*	X	*	*	*	X	*	*	*	X
CAIXA	X	O	X	OO	X	O	X	OO	X	O	X	OO
PANDEIRO	X	O	X	O	X	O	X	X	O	X		O

Observações: no estilo variado, ou compasso de 4 tempos, temos vários tipos de ritmos que se desenvolveram: rock, balada, popular, romântico etc. As variações são resultado dessas transformações que podem acontecer dentro do estilo de cada instrumento, de acordo com suas alturas e durações, mas sempre dentro do compasso. Tambor, coco, chocalho, frigideira e pandeiro, na sugestão anterior, estão dispostos nos pulsos convencionais, para dar uma mistura entre graves e agudos. Tambor médio e caixa funcionam como um contrassurdo, entre graves e agudos, uma vez que são instrumentos com sons distintos. Triângulo e reco-reco seguem o compasso com pulsos alterados para destacar o mínimo de agudos, e os pratos fazem novamente a função de finalizar cada compasso com uma marcação em pulso forte.

Construindo instrumentos musicais

A seguir apresentamos sugestões de construção de instrumentos sonoros e musicais de sucata para desenvolvimento de ritmos.

Chocalhos

Os chocalhos são instrumentos simples que repercutem em seu próprio corpo para produzir os sons. Muitos bebês têm contato com esse instrumento, que pode apresentar variedades constantes de sons, conforme o tipo de material utilizado para sua confecção, o tamanho do objeto e a qualidade do material que fica solto dentro e é repercutido dentro desse instrumento.[18]

Chocalho de pote
Para esta atividade serão necessários: dois potes de iogurte, sementes ou grãos de arroz ou feijão, cola ou fita crepe.
Coloque uma pequena quantidade de sementes em um dos potes e junte com outro. Cole as partes abertas dos potes e lacre, em seguida, com a fita.

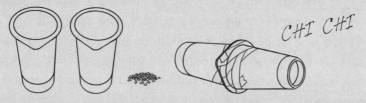

Chocalho de garrafas de plástico
Para esta atividade iremos usar garrafas plásticas de refrigerante pequenas (600 ml), ou de 1,5 litro, 2 litros, 3 litros.
A quantidade de sementes ou grãos vai depender do tamanho de cada garrafa. Lave bem a garrafa e coloque para secar. Após a secagem, apanhe um funil e despeje uma quantidade de sementes ou grãos dentro dela (veja no desenho a quantidade). Feche com a tampa e faça um teste sonoro chacoalhando-a, para conferir o timbre desejado. A quantidade de sementes ou grãos deve ser mensurada de modo a deixar que os objetos dentro da garrafa tenham espaço para repercutir e dar resultado sonoro.

---

[18] É o primeiro instrumento a ser feito, dada a facilidade de manipulação. Serve para todas as faixas etárias.

Chocalho de latas de alumínio
Para esta atividade serão utilizadas latinhas de alumínio (refrigerante ou cerveja: cobrir a embalagem), fita crepe, fita colante, semente ou grãos. Com latas de alumínio você obterá um som mais parecido com um chocalho profissional.

Existem várias formas de fazer os chocalhos. A mais simples é lavar e secar uma latinha, colocar as sementes ou grãos dentro dela e lacrar a parte aberta da lata. Se fizer com duas latinhas – que é o modo mais usado e mais parecido com um chocalho profissional –, será necessário tomar certos cuidados. Com um abridor de latas, abra a parte de cima das latas – onde há o lacre –, despeje os grãos ou sementes em uma das latinhas, após lavar bem e secar os recipientes, coloque uma lata sobre a outra e envolva com fita, de modo bem firme, para fazer uma junção segura das partes que foram abertas com o abridor.[19]

Coco
Para esta atividade utilizaremos um coco e colher para raspar (tinta para pintura ou verniz).

Separe um coco em duas partes iguais. Limpe bem a parte interior e ponha para secar. Assim que estiver bem seco, o instrumento estará pronto. Se quiser pode pintar ou envernizar as cascas, que são as partes do instrumento. Essas partes podem ser tocadas umas com as outras, tanto com as partes abertas como com as arredondadas. Tente perceber as mudanças de timbres, conforme os lados que são tangidos.[20]

Tacos ou tocos de madeira
Para esta atividade serão necessários dois tacos de madeira (usados em pisos e assoalhos) ou tocos de madeira maciça.

Apanhe os tacos de madeira para assoalhos e dê uma boa lixada, de modo a deixá-los sem farpas (fazer o mesmo com os tocos de madeira maciça). Você pode produzir os sons, tocando as partes de baixo dos tacos. Faça o choque sonoro com as pontas, segurando as partes de cima com cuidado.

---

[19] Não é recomendável que seja feito por crianças, pois o alumínio da lata pode se tornar um objeto cortante. Caso queira realizar a feitura com os alunos, use a latinha sem abri-la com o abridor, e insira o material (arroz, feijão, sementes) que vai percutir pelo orifício da lata.

[20] O coco é um bom exemplo de diferenciação de sons em altura: as partes abertas percutidas emitem um som mais grave do que as partes côncavas.

Tacos com cabos de vassoura
Para esta atividade serão usados cabos de vassoura, lixa, cordão, trena ou metro, serra pequena ou serrote.

Separe um cabo de vassoura e lixe-o bem. Serre as pontas do cabo e depois faça algumas medidas nele, com uma média de vinte centímetros cada. Em seguida, corte o cabo nas medidas determinadas. Faça um vinco ou uma marca em uma das partes de cada pedaço de cabo, de modo a envolver o cordão e amarrá-lo com outro cabo (o cordão pode ter até trinta centímetros). Segure os cabos com as mãos na parte superior, onde estão amarradas as pontas do cordão, e execute o movimento em X para efetuar o som.

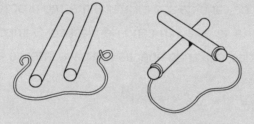

Reco-reco de papelão
Para esta atividade utilizaremos papel cartão, baqueta (ou caneta), prancheta e fita adesiva.

Dobre o papel cartão em ondas, de modo a criar uma sanfona com medidas corretas (use para isso uma régua). Pegue uma prancheta ou uma pequena tábua de madeira de tamanho correspondente, prenda a ponta do papel cartão com as ondas com a fita adesiva e cole na parte de baixo da prancheta. A parte de cima pode ficar presa no prendedor da prancheta. Para tocar é só passar a baqueta ou a caneta nas ondas do papel ondulado.

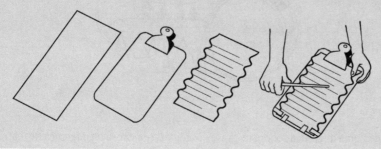

Reco-reco profissional

Para esta atividade serão necessários gomos de bambu, com diâmetro largo, mola de metal ou aço, baqueta ou varinha de ferro.

Pegue um gomo de bambu de tamanho grande, que tenha as duas partes fechadas nos gomos. Faça uma abertura em uma das partes do corpo do gomo, de modo a deixá-lo parecido com uma canoa. Fure cada uma das duas extremidades da abertura e fixe as pontas da mola em cada um dos buracos, deixando a mola esticada (controle o tamanho cortando a mola). Passe a baqueta sobre a mola para executar os sons do reco-reco.

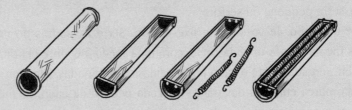

Observação: no reco-reco profissional é usado o aço para confeccionar o corpo do instrumento. Nesse caso, se quiser construir um instrumento de metal, você pode usar um pedaço de cano de aço e fazer o mesmo procedimento. Na falta de um cano de metal pode-se usar um cano de plástico. O importante é manter as partes do cano fechadas, deixando apenas o espaço interno aberto.[21]

Tambor ou tantã

Para esta atividade usaremos latas e baldes de vários tamanhos, plástico resistente, tecido forte (lona) ou couro, cordão ou fita adesiva larga.

Use uma lata grande (latão), um balde ou até um vaso de plástico. Cubra a parte aberta do objeto, contornando o plástico ou o tecido ou o couro, e amarre bem firme, de forma a produzir uma espécie de tambor. No caso de baldes ou latas, o som do tambor será mais alto, se você retirar o fundo (nesse caso, o som tem por onde sair, logo, há uma emissão sonora mais eficiente).

---

[21] Sempre haverá uma diferença sonora de graves e agudos, por causa da diferença de material. No caso, o metal é muito mais agudo do que o plástico.

Xilofone

Para esta atividade serão necessários gomos de bambu e cordão.

Pegue os gomos de bambu e distribua-os em tamanhos diferentes. Faça dois furos em cada gomo, um em cada ponta do bambu. Passe o cordão, de modo a prender os bambus entre os furos com um nó, mantendo certa distância entre um e outro. Deixe um pedaço do cordão sobrando, na parte final onde estão presos os gomos do bambu, para que o instrumento seja pendurado ao pescoço ou em outro lugar. Toque a baqueta em partes diferentes dos bambus presos.

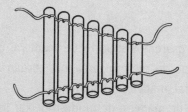

Xilofone de metal

Para esta atividade utilizaremos pequenas peças de metal de tamanhos variados, duas ripas de madeira e baqueta de metal.

Prenda as peças de metal, conforme as suas medidas, na madeira, que deve ficar em forma de um V. Com a vareta de metal você executa os sons, que vão repercutir timbres diferentes, de acordo com o tamanho da peça.

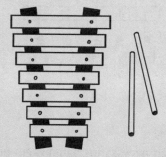

Molhos de chaves

Para esta atividade necessitaremos de suporte de madeira, cordão e chaves de tamanhos variados.

Faça um suporte de madeira e pendure as chaves com os cordões, deixando certa distância entre uma chave e outra. Podem-se colocar chaves de tamanhos variados ou até mesmo em ordem crescente ou decrescente.

Suporte de caninhos de metal ou pregos

Para esta atividade utilizaremos suporte de madeira, caninhos de metal ou alumínio, cordão ou linha de náilon e pregos de tamanhos variados.

O suporte é feito da mesma maneira que na atividade anterior. A diferença é o material empregado, que neste caso será caninhos de metal ou pregos.

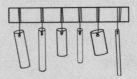

Garrafas suspensas

Para esta atividade usaremos suporte de madeira, garrafas de vidro de tamanhos variados ou do mesmo tamanho, cordão de náilon grosso ou arame, baqueta (metal, madeira ou alumínio).

Prepare um suporte de madeira de modo a deixar as garrafas suspensas de uma forma segura. Prenda-as com cordão ou arame e mantenha uma distância entre uma garrafa e outra. Este suporte pode ser feito de dois modos: com garrafas do mesmo tamanho (nesse caso você vai precisar distribuir quantidades diferentes de água nas garrafas para obter timbres diversos), ou, ainda, de tamanhos diferentes, sendo que neste último caso não será necessário colocar água.

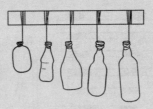

Flauta pã ou sampolha

Para esta atividade serão necessários bambus em pedaços, cortados depois dos nós, e cordão ou fita adesiva para amarrar os bambus.

Prepare os pedaços de bambu, de modo a ficarem progressivos, ou seja, do maior para o menor. Amarre-os uns aos outros formando uma trança, para manter o instrumento firme. Observe que as partes abertas dos bambus têm de ficar rentes umas das outras, para que não machuquem os lábios na hora de soprar.

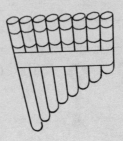

Conhecendo instrumentos musicais

Daremos agora informações sobre alguns instrumentos musicais, bem como sobre sua divisão e classificação.

Existem vários instrumentos musicais. Eles são usados em orquestras, conjuntos, bandas e acompanhamentos em geral ou em atividades individuais. Estão classificados quanto à forma e ao modo como produzem os sons. Veja a seguir:

• Cordofones: são instrumentos que usam cordas, e seus sons são produzidos por elas. Exemplos: violão, violino e viola...

Violão   Violino   Baixo acústico

• Aerofones: são instrumentos que usam o sopro, e o elemento que produz o som é o ar. Exemplos: flauta, trombone e saxofone.

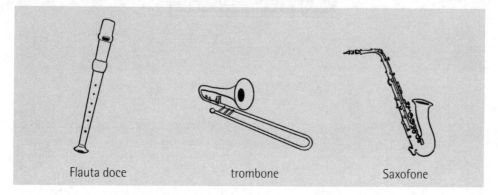

Flauta doce   trombone   Saxofone

- Membranofones: são instrumentos de percussão que usam a vibração de uma membrana para repercutir os sons. Exemplos: tambor, surdo e caixa.

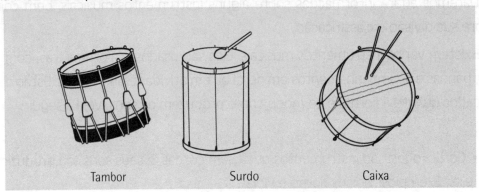

- Idiofones: são instrumentos de percussão que usam o corpo do próprio instrumento para percutir os sons. Exemplos: maracás, chocalhos e reco-reco.

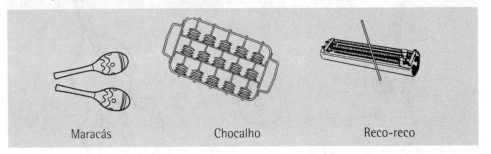

- Eletrofones: instrumentos que utilizam a eletricidade, cujos sons são captados e ampliados eletronicamente. Exemplo: teclado eletrônico.

Bibliografia

BIAGIONI, M. Z.; VISCONTI, M. *Guia para educação e prática musical*. São Paulo: Abemúsica, 2002.

BRITO, Teca de Alencar. *Música na educação infantil*; propostas para formação integral da criança. São Paulo: Fundação Peirópolis, 2003.

CANDÉ, Roland de. *História universal da música*. 2 v. São Paulo: Martins Fontes, 2001.

CARPEAUX, Otto Maria. *Livro de ouro da história da música* (edição revisada e ampliada de *Uma nova história da música*). Rio de Janeiro: Ediouro, 2001.

CHIARELLI, Lígia Karina Meneghetti. A importância da musicalização na educação infantil e no ensino fundamental; a música como meio de desenvolver a inteligência e a integração do ser. *Revista Recre@rte*, n. 3, junho. Santa Catarina, 2005.

CHILDE, V. Gordon. *O que aconteceu na história*. Rio de Janeiro: Zahar Editores. 1996.

COLL, Cesar; TEBEROSKY, Ana. *Aprendendo arte*; conteúdos essenciais para o Ensino Fundamental. São Paulo: Ática, 2000.

COSTTA, Silvio. *Como contar histórias usando sons*; uma introdução à percepção e educação sonora. São Paulo: Editora Ave-Maria, 2008.

FERREIRA, P. Leslie. *Trabalhando a voz*. São Paulo: Summus Editorial, 1988.

FREDERICO, Edson. *Música;* breve história. São Paulo: Irmãos Vitale Editores Brasil, 1999.

GAINZA, Violeta Hemsy de. *Estudos de psicopedagogia musical*. 3. ed. São Paulo: Summus, 1988.

GIBSON, Gary. *Brincando com os sons*. São Paulo: Callis, 1996.

HOWARD, Walter. *A música e a criança*. São Paulo: Summus Editorial, 1991.

JEANDOT, Nicole. *Explorando o universo da música*. São Paulo: Scipione, 1987.

JOURDAIN, Robert. *Música, cérebro e êxtase*. Rio de Janeiro: Objetiva, 1997.

MINISTÉRIO DA EDUCAÇÃO. *Referencial curricular nacional para a educação infantil 1, 2 e 3*. Brasília, 1998.

NICOLAU, Marieta Lúcia Machado. *A educação artística da criança*; plástica e música. São Paulo: Ática, 1987.

SACKS, Oliver. *Alucinações musicais*. São Paulo: Cia. das Letras, 2007.

SCHAFER, R. Murray. *A afinação do mundo*. São Paulo: Unesp, 1977.

_____. *Ouvido pensante*. São Paulo: Unesp, 1991.

SCHILILARO, Nereide. *Educação musical para a pré-escola*. São Paulo: Ática. 1990.

SILVA, N. Elisabeth. *Atividades recreativas na primeira infância*. Rio de Janeiro: Sprint, 2004.

WARD, R. Brian. *O ouvido e a audição*. São Paulo: Abril, 1992.

WISNIK, José Miguel. *O som e o sentido*; uma outra história das músicas. São Paulo: Cia. das Letras, 2007.